わたしたちのことばを考える ❷

雑談の正体

ぜんぜん"雑"じゃない、大切なコミュニケーションの話

清水崇文
Takafumi SHIMIZU

にほんごの凡人社

もくじ

まえがき v

第1章　雑談とは？ 001

1　「雑談」の一般的なイメージ 002
　　「雑談」の漢字の意味 003
2　「雑談」の辞書の定義 005
3　「雑談」の言語学の定義 007
　　日本語の雑談研究 007
　　英語のsmall talk研究 009
4　雑談の便宜上の定義 012

第2章　「雑談に関する常識」って本当？ 013

1　雑談には「目的」がない？ 015
　　雑コラム その①「授業中の雑談、大歓迎？」 018
2　雑談には「構造」がない？ 020
3　雑談には「価値」がない？ 023
4　雑談の定義〈修正版〉 026

第3章　雑談を多面的に分析してみると　027

1 **相手**　028

2 **場面・場所**　031

　　日常談話・制度的談話　031

　　実質行動の有無　032

3 **目的**　035

　　雑談すること自体が目的の雑談　035

　　　(a) コミュニケーションの義務を果たすための雑談　035

　　　(b) 純粋な時間つぶしとしての雑談　036

　　　(c) 語りたいという欲望を満たすための雑談　036

　　課題遂行会話の前置きとしての雑談　039

　　雑コラム その②「ポライトネス理論と雑談」　040

　　初対面時のアイスブレイクとしての雑談　043

　　グループ・アイデンティティを構築するための雑談　044

　　インプレッション・マネジメントのための雑談　045

　　情報収集のための雑談　046

4 **話題**　048

　　話題の分類　048

　　話題の展開　055

　　雑コラム その③「美容師さんを見習え！」　065

5 **構造**　068

　　開始部　068

　　連鎖組織　071

　　終結部　073

6 話し方 *075*

言語情報 *076*

スピーチスタイル／地域方言・社会方言

聴覚情報 *083*

視覚情報 *085*

表情・視線／身振り・手振り／距離・位置関係

雑コラム その④「『メラビアンの法則』、誤解してませんか」 *094*

7 聞き方 *097*

質問 *100*

(a)「雑談を続けるため」の質問 *102*

(b)「心理的距離を近づけるため」の質問 *109*

雑コラム その⑤「クリーニング屋のおばさん vs. フレンチレストランのオーナーシェフ」 *113*

相づち *117*

オウム返し *121*

雑コラム その⑥「相づちが打てないのはとっても辛い」 *125*

8 雑談の正体 *128*

第4章 外国人と雑談 *131*

1 外国人だって雑談したい！ *132*
2 日本語で雑談をするために必要なもの *135*

言語運用力 *135*

文法／語彙／聞き取り／社会言語知識

雑談に関する知識 *145*

3　異文化理解 *150*

　　雑談が期待される場面の違い　*150*

　　雑談で扱われる話題の違い　*152*

　　周りの外国人と楽しい雑談を　*153*

　　雑コラム　その⑦「英語で雑談」　*154*

第5章　日本語教育における雑談　*157*

1　「雑談力」の判定　*158*

　　日本語能力試験 (JLPT)　*159*

　　言語のためのヨーロッパ共通参照枠 (CEFR)　*164*

　　ACTFL-OPI (アクトフル・オーピーアイ)　*167*

　　雑コラム　その⑧「ACTFL-OPIのテスターは雑談の達人?」　*170*

2　評価基準で本当に「雑談力」を測れるか　*172*

3　よりよい雑談教育をめざして　*175*

あとがき　*177*

参考文献　*179*

まえがき

 あなたは「おしゃべり」するのが好きですか。

 1日のうち、どのくらいの時間を「おしゃべり」に費やしていますか。

 イギリスの人類学者ロビン・ダンバー (Robin Dunbar) は、「あなたが昨日くだらないおしゃべりで浪費した時間」は、「合計すると6時間、1日の4分の1くらいになっているはずだ」(ダンバー, 2011, p.67) と述べています。

 もしこれが事実なら、私たちは1年間に2,190時間(まるまる91日)、人生80年と考えて(11歳から雑談をし始めるとしても)6,387日(まるまる17年半)も「おしゃべり」に費やしていることになります！　これでは、私たちはまるで「おしゃべり」をするために生きているようなものですね。

 さて、この「おしゃべり」、別名を「雑談」といいます。

 近年、日本は大変な「雑談ブーム」です。

 発行部数43万部で2013年のベストセラーとなった齋藤孝の『雑談力が上がる話し方—30秒でうちとける会話のルール—』(ダイヤモンド社)や、オリコンによる「2016年度　ビジネス書ランキング」で1位に輝いた安田正の『超一流の雑談力』(文響社)をはじめとして、雑談関係の書籍が書店の棚を賑わしています。

 これらの書籍のタイトルで使われている「雑談力」という言葉も、すっかり市民権を得ているようです。

 ビジネス誌も盛んに「雑談力特集」を組んでいます。

例えば、『PRESIDENT』（プレジデント社）では「名社長直伝！100％人に好かれる雑談力レッスン帖」(2016.4.18号)、『THE21』(PHP研究所）では「会話が続く、好かれる。だから『成果が出る』できる人の雑談力」(2016年5月号)、『日経ビジネスアソシエ』（日経BP社）では「印象・評価がガラッと変わる！すごい雑談力」(2016年10月号)といった具合で、今やビジネスで成功するためのキーワードは「雑談力」だと言わんばかりです。

しかし、どうしてビジネスの世界でこんなにも「雑談力」が注目を集めたのでしょうか。

それは、「雑談力」が円滑かつ効果的にビジネスを進めていくうえで必須のスキルであるという認識が高まってきたからです。

そして、それにもかかわらず、自分には「雑談力」がないという悩みを抱えるビジネスパーソンが大勢いるのでしょう。

「くだらないおしゃべり」のはずの「雑談」が、ビジネスを、いや社会生活全般をうまくやっていくための手段として重宝がられ、そのハウツーを必要としている人が大勢いる。これは非常に興味深いことです。

「雑談」は、本当に「くだらないおしゃべり」なのでしょうか。

「雑談」とは、いったいどのような特徴を持つ会話なのでしょうか。

「雑談」の何が、ビジネスや社会生活をうまくやっていくために、そんなに役に立つのでしょうか。

この本では、そんな素朴な疑問に対する答えを探求していきたいと思います。

実は、雑談は言語学やコミュニケーション学などの学問の分野でも近年注目を浴びています。雑談の特徴を考えるうえでは、こうした研究の成果が役に立つでしょう。

　一方、雑談のハウツー本（上手な雑談のやり方を唱える一般書籍）は、基本的には著者の経験則によって書かれたものですが、そこには雑談の本質を言い当てた傾聴に値する見識も見られます。本書では、雑談の正体を探るために、学術研究だけではなく、そうした書籍の知見も広く活用していきたいと思っています。

　さらに、後半では「外国人と雑談」の問題も考えてみたいと思います。

　近年、我が国では在留外国人の数が急増していますが、それに伴い、日本人と外国人が日本語で雑談をする機会も増えています。

　彼らは、私たち日本人とは違った難しさを雑談に感じているのですが、そうした問題に光を当てることによって、外国人の視点から眺めた日本語の雑談の特徴も明らかにできればと思います。

第1章

雑談とは？

1 「雑談」の一般的なイメージ

あなたは「『雑談』って何ですか?」と聞かれたら、どう答えますか。

試しに私の周りの人(言語学者や日本語教師のような専門家ではない人)に尋ねてみたところ、次のような答えが返ってきました。

- 「たわいもないことを適当に話すこと」
- 「特に目的もなく、いろいろなことを時間つぶしに話すこと」
- 「『何関係ないこと言っているの? 意味がない、時間の無駄!』と思えるような会話」
- 「とりとめのない会話」
- 「友達との気楽なおしゃべり」

うーむ、なんだか似たようなことを言っているような、それぞれにちょっと違うような答えですね。

もう少しわかりやすくするために、これらの回答で使われている表現を取り出して、整理してみましょう。

「たわいもないこと」「いろいろなこと」「関係ないこと」は〈内容〉についての描写ですね。

「適当に話す」「気楽なおしゃべり(=気楽におしゃべりする)」は〈話し方〉、「特に目的もなく」「時間つぶしに」は〈目的〉に関する表現です。

そして、「意味がない」「時間の無駄」は〈価値〉について述べて

います。

「とりとめのない」には、「重要でない」という意味と「まとまりがない(結論がない)」という意味があるので、〈内容〉(重要でない話題)と〈価値〉(重要でない会話)と〈構造〉(まとまりがない会話)の3つにまたがる表現としておきます。

以上のように整理したものをまとめると、次の表のようになります。

内　容	「たわいもない」「関係ない」「いろいろな」「とりとめのない(重要でない)」
話し方	「適当に」「気楽に」
目　的	「特に目的もなく」「時間つぶしに」
構　造	「とりとめのない(まとまりがない)」
価　値	「意味がない」「時間の無駄」「とりとめのない(重要でない)」

こうしていくつかの要素に分けて整理することで、私たちが一般的にイメージしている「雑談」の特徴が随分はっきりと見えてきました。

「雑談」の漢字の意味

ここで、「雑談」という名称について考えてみましょう。

雑談の漢字表記は、「雑」「談」です。

「雑」は「雑ぜる」、「談」は「話す」という意味ですから、「(いろ

いろな話題を)まぜて話すこと」というのが本来の意味だと思いますが、「雑」を「雑な」と捉えると、「雑な(=いい加減な)」「雑然とした(=無秩序でまとまりのない)」「粗雑な(=粗い)」などと解釈することもできそうです。

そう考えると、「雑談」という名称は、「雑多な(=いろいろな)」話題の、「雑な(=いい加減な)」内容を、「雑然とした(=無秩序でまとまりのない)」構成で、「粗雑に(=気楽で適当に)」話すこと、をすべてひっくるめて表現したなんとも絶妙なネーミングに思えてきます。

いやはや「雑談」という名前を考え出した人はたいしたもんだと、感動に浸ってしまいます。

そして、この「雑談」という名称の漢字が意味するところは、先ほど一般的なイメージからあぶり出した「雑談」の特徴と、ほとんど一致していることもわかります。

2 「雑談」の辞書の定義

しかし、念のため、辞書ではどのように定義されているかも確認しておきましょう。

日本語には「雑談」に類する言葉が、「無駄話」「おしゃべり」「よもやま話」「世間話」「閑話」「放談」「余談」「巷談」「駄弁」「軽口」「与太話」など、けっこうたくさんあるようですが（片岡, 2016, p.282)、今回はとりあえず「雑談」だけを引いてみます。

> 「これといった目的もなくいろいろなことについて気楽に話し合うこと。また、その話。」
> 『広辞林　第六版』(1984)

> 「特にこれという目的や話題を決めずに、いろいろなことを気楽に話しあうこと。また、その話。とりとめのない話。」
> 『学研国語大辞典　第二版』(1989)

> 「さまざまの談話。とりとめのない会話。」
> 『広辞苑　第五版』(1998)

> 「はっきりした目的もまとまりも無い話（を気楽にすること）。」
> 『新明解国語辞典　第六版』(2005)

> 「さまざまなことを気楽に話し合うこと。また、その話。世間話。よもやま話。」
> 『大辞林　第三版』(2006)

第1章 雑談とは？

代表的な国語辞典で「雑談」の項目を調べてみたら、このように説明されていました。

　これらの説明のいくつかに共通する要素を取り出してみると、「目的がない」「まとまりがない」「とりとめのない」「いろいろなことを」「話題を決めずに」「気楽に」などが挙げられます。

　これも、先ほど「雑談」の一般的なイメージから抽出した特徴とほとんど重なっています。

　それならば、「雑談とは何か」を考えるには、3ページの表にまとめた雑談の諸側面の特徴を検討するという方針でよさそうですね。

3 「雑談」の言語学の定義

うーん、でもやっぱり念には念を入れて、学問の世界では「雑談」をどのように定義しているのかも見ておきたいと思います。

雑談は言葉によるコミュニケーションの一種なので、社会言語学や言語人類学も含めた言語学における研究の対象になっています。

では、その言語学では「雑談」をどのように定義しているのでしょうか。

日本語の雑談研究

まずは、日本語の雑談についての研究から見てみましょう。

2016年に出版された『雑談の美学―言語研究からの再考―』(ひつじ書房)という書籍があります。雑談についての最新の研究論文が13編も収録された学術書です。

この本の編者である村田和代・井出里咲子の「序章」によると、日本語の「雑談の研究」の多くは、最初から「雑談」という語りのジャンルが存在することを前提として、(「討論」などのほかのジャンルと比較することによって) 雑談の特徴を記述することを課題としているのだそうです。

これはどういうことかというと、雑談研究の多くは「雑談」の定義を定めていないということです。

つまり、「雑談とは何か」について、研究者の間での共通の見解といったものはないということなのですね。

先ほどの村田・井出 (2016) も雑談を明確に定義しているわけでは

ありませんが、「雑談」と「そうではないもの」(村田・井出 (2016) では「正談」と呼ばれています) とを区別する3つの指標を挙げています。

それは、以下の3つです。

> ① 特定の達成すべき課題の有無
> ② 会話の起きる場の性質
> ③ 会話スタイル
>
> (村田・井出, 2016, pp.ix-x をもとに作成)

この指標によると、雑談は、①情報伝達や問題解決といった特定の達成すべき課題がなく、②私的でインフォーマルな場面でよく起こり、③どちらかといえばユーモアを伴い、面白さを優先し、方言などの特殊な言葉遣いが用いられる傾向がある会話ということになります (村田・井出, 2016)。

研究者の間での共通の見解がないとはいっても、雑談を定義している研究がまったくないというわけではありません。少数ですが、雑談を明確に定義している研究もあります。

例えば、筒井佐代の研究(『雑談の構造分析』(2012, くろしお出版)という書籍として出版されています)では、一連の会話の中から「雑談」として分析する箇所を定めるために、次のような定義が示されています。

> 「特定の達成するべき課題がない状況において、あるいは課題があってもそれを行っていない時間において、相手と共に過ごす活動として行う会話」
>
> (筒井, 2012, p.33)

この定義のポイントを整理すると、次の2点になります。

> ① 雑談は「相手と共に過ごす」ためにする会話である
> ② 雑談は「課題を達成する」ために行う会話ではない

この2点は、雑談の一般的なイメージや辞書の定義にはなかった観点です。

なお、このうち、「②雑談は『課題を達成する』ために行う会話ではない」という点は、村田・井出 (2016) の1つ目の指標 (①特定の達成すべき課題の有無) と同じ基準だといえます。

英語のsmall talk研究

さらに範囲を広げて、英語の研究では「雑談」をどのように定義しているのか見てみます。

雑談にあたる英語の言葉には、"gossip" "idle talk" "small talk" "light conversation" "chat" などがありますが、学術研究では "small talk" という用語が使われることが多いようです。

　しかし、シュナイダーという研究者が「言語学的に使われる場合、言語使用者の直感的な概念に依存しており、厳密には定義されていない」(Schneider, 1988, p.4) と述べていることから、英語の研究においてもやはり "small talk" の学術的定義は確立されていないようです。

　ちなみに、「言語使用者の直感的な概念に依存した定義」とは、例えば「たいしたことのない、インフォーマルな、重要でない、真剣でない語りのモード (minor, informal, unimportant and non-serious modes of talk)」(Coupland, 2000, p.1) といったようなものですから、英語のsmall talkの特徴も3ページでまとめた日本語の雑談の特徴と大差はなさそうです。

　しかし、英語のsmall talkの研究をよく調べてみると、日本語の雑談の定義ではあまり注目されていない特徴が指摘されていました。

　それは、small talkは「社会的交流 (social intercourse)」であるということです。

　この指摘は、先ほどの筒井 (2012) の定義の1つ目のポイント、「①雑談は『相手と共に過ごす』ためにする会話である」とも関連がありそうです。

　ごく普通の日常的なおしゃべりが持つ社会的役割について初めて言及したのはブロニスロウ・マリノフスキーという人類学者です。彼はsmall talkのような「言葉のやりとりによって団結の絆が生まれるような語り」(Malinowski, 1923, p.151) を「交感的言語使用 (phatic communion)」と名付けました。

　ジャスティン・クープランドやジャネット・ホームズが行った職場におけるsmall talkの研究 (Coupland, 2003; Holmes, 2000) でも、交感的言語使用であるsmall talkが同僚間に相互信頼の関係、心が通い合った状態（「ラポール (rapport)」と呼ばれます）を生じさせ、連帯感を志向させる機能があることが指摘されています。

　こうした職場の談話を対象とした研究では、ビジネスの本題に関わる「情報交換的談話 (transactional talk)」との比較において、small talkを定義する試みも見られます。例えば、ホームズは、職場の談話を互いに連続体をなす4種類——「ビジネスの本題についての話 (Core business talk)」「仕事に関連する話 (Work related talk)」「社交的な話 (Social talk)」「（挨拶のような）交感的言語使用 (Phatic communion)」——に分類したうえで、社交的な話と交感的言語使用をsmall talkとしています (Holmes, 2000)。

(Holmes (2000, p.38) をもとに作成)

4 雑談の便宜上の定義

 ここまで、「雑談とは何か」を考えるために、私たちが持つ一般的なイメージ、辞書の定義、言語学者によって示された定義を見てきました。

 それらを通して明らかになったいくつかの特徴をまとめてみると、

> **雑談とは……**
> テーマも決めず、いろいろな話題のたわいもない内容を
> 気楽に話す、
> 目的も構造も大した価値もない会話。
> しかし、当事者の間にラポール(信頼関係や心が通い合った状態)を
> 生み出すことによって
> 社会的交流の役には立つ会話。

ということになるでしょうか。

 厳密な定義とはいえないかもしれませんが、当座の便宜上の定義(working definition)としては十分でしょう。

 とりあえず、雑談とはこのようなものだと仮定したうえで、話を先に進めることにします。

第2章
「雑談に関する常識」って本当？

前章でまとめた「便宜上の定義」の中には、雑談とは「目的も構造も大した価値もない会話」だという表現がありました。

　こうした特徴は、雑談に対する一般的なイメージや辞書の定義から抽出されたものなので、雑談に関する「世間の常識」と言ってもよいかもしれません。

　しかし、どうして私たちは貴重な時間を費やしてまで「目的も構造も価値もない」雑談などというものに現(うつつ)を抜かすのでしょう？不思議ではありませんか。

　「世間の常識」では雑談には「目的も構造も価値もない」ことになっていますが、もしかしたらこの「世間の常識」のほうが間違っているということはないでしょうか。

　本章では、こうした観点から、雑談に関する「世間の常識」を疑ってみたいと思います。

1　雑談には「目的」がない？

　まずは、「雑談には目的がない」という常識からです。

　書店に並んでいる上手な雑談のしかたを唱えるハウツー本の中には、「目的や目標など、雑談には必要ありません。」(松橋, 2013, p.34)と断言しているものがあります。

　また、学術書にも「雑談は<u>目的のないおしゃべり</u>で、とりとめなく話題が推移し、その場その場で異なる内容、異なる形をとって展開しているように見える。」(筒井, 2012, p.26, 下線筆者)といった記述が見られます。

　こうした言説を聞くと、雑談とは目的がない会話なのだと思ってしまうのも無理はありません。

　しかし、雑談には本当に「目的がない」のでしょうか。

　会話というものは、複数の人が時間を割き、労力を費やして共同で従事する行為です。雑談も会話の一種である限り、例外ではありません。

　そうであるならば、そこに「目的」がないということはあり得ないはずです。

　肝心なのは、「目的」をどう捉えるかです。

　「雑談には目的がない」と思っている人は、目的を「その会話によって成し遂げたいこと」、つまり「課題（タスク）」と捉えているのだと思います。

　「討論」や「発表」などは説得や情報伝達などの明確な課題がありますし、「依頼」「勧誘」「助言」（話すことによって達成される行為なので

「発話行為 (speech act)」と呼ばれています) などもそれぞれの意図を達成するという課題がありますよね。

雑談の目的をこのような「課題」と捉えるなら、雑談には目的はないといえるかもしれません。

この点は、「達成すべき課題がない」のが雑談だという村田・井出 (2016) や筒井 (2012) の指摘とも一致します。

「課題」というのは、今話している会話を終えた時点で達成されている目的のことですから、いわば「短期的目的」です。

しかし、雑談にはこれとは異なる時間軸で達成される目的、つまり「長期的目的」といえるものがあるとは考えられないでしょうか。

では、それは何かというと、「相手との良好な社会的関係を構築したり、維持したりすること」です。

ロビン・ダンバーは、相手との良好な社会的関係を構築したり、維持したりすることを目的として行われる雑談こそがヒトの言語の原点であり、そうした言葉のやりとり (マリノフスキーの言う「交感的言語使用」ですね) は猿の毛繕いから発達したものだと述べています (ダンバー, 1998, 2011)。

私たちが他人に「わざわざ話しかけるというのは、相手に関心があり、気持ちが向いている何よりの証拠」(ダンバー, 2011, p.68) であり、これは猿が相手との関わりを表現するために行う毛繕いと同じだからというのがその理由です。

雑談によって築かれた良好な人間関係は、将来の (あるいは現在の雑談の前後で行われているやりとりにおける) 個々の談話の短期的目的 (課題) をよりスムーズに達成させる上でも役立ちます。

何かを頼まれたり、誘われたりしたときのことを思い浮かべてください。

　よく知らない人や嫌いな人から頼まれたり、誘われたりしたときよりも、好意を持っている人から頼まれたり、誘われたりしたときのほうが、受け入れたくなりませんか。

　つまり、雑談自体が課題を達成するわけではないとしても、相手との良好な関係を築くことを通して、課題を達成させるための下地をつくる働きはしているということです。

　先ほど登場した"small talk"の研究者ホームズは、「雑談は社会の歯車に油をさす (Small talk oils the social wheels.)」と言っています (Holmes, 2000, p.57)。

　「良好な人間関係を育み、物事を円滑に運ばせること」——、雑談にはこのような目的があるといえるのではないでしょうか。(この点についての詳しい話は、後ほど第3章で。)

その①
「授業中の雑談、大歓迎？」

　読者の中には、日本語や英語の先生もいらっしゃるでしょう。そうした方に質問です。あなたは教室に入ったらすぐに授業を始めていますか。それとも、何人かの学習者と軽く会話を交わしてから授業を始めますか。（語学教師ではない読者の方は、ご自身の学生時代の外国語の先生はどうだったか思い出してみてください。）

　私は大学で留学生に日本語を教えています。そんな私の経験からすると、日本語の授業では、たとえ初級のクラスであっても、既習の文法や語彙を使ってできるような簡単なやりとりをしてから、授業を始める先生が多いように思います。例えば、次のように。

　　先生：おはようございます。
　　　　　ジョンさん、週末どこに行きましたか。
　　学生：鎌倉に行きました。
　　先生：そうですか。鎌倉で何をしましたか。
　　学生：大仏を見ました。
　　先生：おっ、大仏ですか。どうでしたか。
　　学生：あー、小さかったです。（笑）
　　先生：え、小さかったですか。（笑）

先生としては、既習事項を活用したコミュニカティブな（学生にとって意味のある）会話練習や、授業前のウォーミングアップ（口慣らし）の目的で行っているのかもしれませんが、実はこれって立派な「雑談」です。

　こうした雑談を毎日の授業でくり返し行っていると、次第に先生と学習者の間で共有される学習者についての情報が増えていきます。

　人は、自分のことをよく知っている相手、自分に興味を持ってくれる相手に対して好感を持ちやすいため、雑談（特に自分に関する話題）をよくしてくれる先生の授業では学習のモチベーションが高くなるはずです。（あなたも学生時代、好きな先生の授業だけは頑張って勉強しませんでしたか。）

　雑談によってやる気のある学習者が増えると、その結果、コミュニティーとしての教室の雰囲気もよくなっていき、先生にとっては授業がやりやすくなることにもつながります。

　その意味では、教室での先生と生徒の「雑談」は、よい授業に導くクラス・マネジメント（授業運営）の役にも立っていると考えられます。

2 雑談には「構造」がない？

次は、「雑談には構造がない」という常識です。

雑談の特徴の1つに、「雑然とした(無秩序でまとまりのない)構成」というのがありました。

「雑然」というのは、いろいろなものが入り乱れて、まとまりのないさまを指すわけですが、たしかに「雑談」はトピックや論点が固定されずに、その場の流れで次々と移り変わっていきますし、「起承転結」や「序論・本論・結論」といったいわゆる「語りの構造」があるようにも見えません。

しかし、雑談は本当に無秩序でまとまりのない発話の連続なのでしょうか。そこには「構造」といったものがまったく見られないのでしょうか。

いいえ、そんなことはありません。それを証明している研究があります。それは、第1章でも紹介した『雑談の構造分析』(筒井, 2012)という研究です。

この研究では、主に30代の友人同士の日常会話(雑談)を「会話分析(conversation analysis)」という専門的な手法を使って詳細に分析した結果、雑談にも構造があることを明らかにしています。

では、その構造とはどのようなものかご紹介しましょう。

雑談をするとき、私たちは自由に話をしているように思いますよね。しかし、筒井によると、雑談で話題を切り出すときの最初の発話は4種類に限られるのだそうです。それらは、〈質問〉〈報告〉〈共有〉〈独り言〉の4つです。

そして、話し始めるときにこの4種類のうちのどれを選ぶかは、「参加の枠組み」「知識や経験の共有の有無」「情報伝達の方向性」という3つの要素の組み合わせによって、あらかじめ決まっているのです。

　「参加の枠組み」とは、相手とのやりとりを求めるかどうかのことで、やりとり（相手の応答）を求める「対話」と求めない「独話」に分けられます。

　「知識・経験の共有の有無」は、会話参加者双方が知識や経験を共有している「共有」と一方だけが知識や経験を有する「非共有」に分けられます。

　「情報伝達の方向性」は、相手から情報を得ようとする「要求」と相手に情報を与えようとする「提供」とに分けられます。

　そして、「対話」において知識・経験を「共有」している場合には〈共有〉が選ばれ、「非共有」の場合には情報を「要求」するなら〈質問〉が、情報を提供するなら〈報告〉が選ばれます。また、「独話」の場合は〈独り言〉が選ばれることになります。

　以上を表にまとめると次のようになります。

参加の枠組み	知識・経験	情報伝達の方向性		開始発話
対話	非共有	要求	→	〈質問〉
		提供	→	〈報告〉
	共有	要求・提供	→	〈共有〉
独話	非共有	—	→	〈独り言〉

（筒井 (2012, p.56) をもとに作成）

このように、私たちが雑談で話題を切り出すときには、決められたルールに従って最初の発話を選んでいるのです。
　この研究では、さらに話題の開始発話の種類（〈質問〉〈報告〉〈共有〉〈独り言〉）が次の相手の発話やその後の発話のつながり（「発話連鎖」と呼ばれます）に制約を加えること、そしてその結果、雑談には発話連鎖のパターンが存在することも明らかにしています。（詳細は、後ほど第3章で。）
　このように、雑談には発話の連鎖組織のレベルにおいて構造と呼ぶべきものがあるのです。
　一見すると無秩序で、てんでまとまりがないように見える雑談ですが、私たちはまったく好き勝手ででたらめに話をしているわけではないのです。

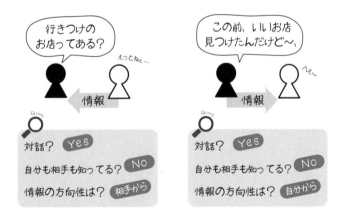

3　雑談には「価値」がない？

　最後は、「雑談には価値がない」という常識について考えてみましょう。

　雑談の一般的なイメージでは、「意味がない」「時間の無駄」「とりとめのない（重要でない）」といったものが挙げられていました。

　そういえば、その昔私が会社員だった頃は、勤務時間中にオフィスで雑談なんかしていようものなら、「無駄口をたたく暇があったら仕事をしろ！」と上司に怒鳴られたものです。

　やはり「雑談＝無駄口」だったのです。

　しかし、今ではビジネスにおける雑談の価値は「コペルニクス的転回」を見せています。

　その証拠に、日本を代表する一流企業の社長さんまでもが雑談には価値があることを認めています。

　少々長くなりますが、『THE 21』（2013年6月号）に掲載されたアサヒビールホールディングスの泉谷直木社長のインタビュー記事を引用します。

> 「雑談を禁じたら、会社でのコミュニケーションは、指示・命令だけになってしまいます。それでは『何をやるか』や『目標数値』といった基本的なビジネス情報が、上から下に一方的に伝わるだけです。しかし、伝えたからそれで良しとはなりません。仕事で大事なのは、伝えたことがどこまで達成できるかなのです。
> 『何をやるかは戦略で決まり、どこまでやるかは風土で決まる』という言い方がありますが、部下が伝えられた戦略をどこまで理解し、どの程度のモチベーションで臨むかを左右するのが、会社の風土。そして、成功に必要な風土を醸成するのは、答えを出す必要のない会話、つまり雑談なのです。」
> (アサヒビールホールディングス　代表取締役会長 兼 CEO　泉谷直木)
>
> (『THE 21』(2013年6月号), PHP研究所, p.16)

このように、ビジネスの世界においては、もはや雑談は企業業績をも左右する、なくてはならないものと考えられているのです。

もちろん雑談の「価値・意義」はビジネス・コミュニケーションだけに限られたものではありません。

書店で売っているハウツー本を開いてみると、雑談の「価値・意義」を高らかに謳う次のような文句が飛び交っています。

> 「『雑談を制する人は、人生を制す』という時代が、現代なのです。」
> (石井貴士『どんな相手でも会話に困らない1分間雑談法』
> 2015, SBクリエイティブ, p.18)

> 「雑談というのは、あなた自身の人間性とか人格とか社会性といったものがすべて凝縮されている。」
>
> (齋藤孝『雑談力が上がる話し方―30秒でうちとける会話のルール―』
> 2010,ダイヤモンド社, p.7)

> 「雑談は、人間関係の豊かさをつくります。人間関係の豊かさが、人生の豊かさです。」
>
> (松橋良紀『あたりまえだけどなかなかできない 雑談のルール』
> 2010,明日香出版社, p.7)

> 「雑談というのは、あらゆる人間関係の入口です。自分という人間を認めてもらい、その後の関係をより深く、強いものにするためのきっかけであり、人間関係の方向性を決定する重要なステージになります。」
>
> (安田正『超一流の雑談力』2015,文響社, p.10)

　ハウツー本のこうした主張を見ると、雑談は意味がない無駄話などではなく、むしろ身につけるべきビジネス・スキルの1つであり、日常生活のあらゆる場面で豊かな人間関係を築き、よりよい人生を送っていくために必要なコミュニケーション・ツールだと考えたほうがよさそうです。

　「雑談には価値がない」といった考えは、もはや時代遅れ、過去の遺物だといえるでしょう。

4　雑談の定義〈修正版〉

雑談には「目的」も「構造」も「価値」もあることがわかりましたので、第1章で掲げた便宜上の定義を修正しなければなりません。

> **雑談とは……**
>
> テーマも決めず、いろいろな話題のたわいもない内容を
> 気楽に話すこと。
> 当事者の間にラポール(信頼関係や心が通い合った状態)を
> 生み出すことによって、良好な人間関係を育み、
> 物事を円滑に運ばせるために行われることが多い。

これでかなり整った定義になりました。少しずつ、「雑談の正体」に近づいてきたでしょうか。

第3章
雑談を多面的に分析してみると

雑談の定義をより正確なものに修正したところで、雑談のさまざまな側面をさらに詳しく分析してみることにしましょう。

　本章では、雑談を構成する要素を、(1) 相手、(2) 場面・場所、(3) 目的、(4) 話題、(5) 構造、(6) 話し方、(7) 聞き方に分けて、順番に見ていくことにします。

1　相手

　雑談には必ず相手が必要です。1人では雑談はできませんからね。

　雑談の相手は、相手と自分の関係性によって次の3種類に分けることができます。

> ① 初対面の相手
> ② 顔見知りの相手
> ③ 親しい相手

　「①初対面の相手」は、パーティーやイベントで出会った知らない人、バス停や病院の待合室でたまたま隣にいる人などです。

　「②顔見知りの相手」は、それほど親しくない会社の同僚やクラスメイト、めったに会わない親戚などが該当します。

　「③親しい相手」は、家族や恋人、いつも行動を共にする仲間などです。

　①→②→③の順でつながりが強くなっていきますが、「社会的交

流」である雑談は他人とのつながりを構築したり、確認したりする作業ですから、「現在のつながりの程度」が雑談のあり方に影響を与えると考えられます。

　同様に、①→②→③の順で、相手と自分が共有する知識の量が増え、共通の基盤が多くなっていきます。つまり、つながりの程度と共通基盤・共有知識の量は比例しているのです。

　そのため、「①初対面の相手」との雑談では、共有知識を増やし、共通基盤を探すために、仕事、居住地、出身地、出身校、趣味など、お互いの属性に関する情報のやりとりが質問や報告という形で行われます。これは、つながりを強めるために行われる雑談といえます。

　一方、「②顔見知りの相手」「③親しい相手」と進むにしたがって、共に知っている人物や物事、一緒に経験したことなど、既存の共有知識を前提とした話題が話されることが多くなります。

　こうした雑談には、お互いの共通基盤を確認する目的があります。つまり、つながりの強さを確認するために行われる雑談です。

　「①初対面の相手」で質問、報告が多くなるのは、お互いの共通点を探すためには質問や報告が便利だからです。

　「同じ県の出身」だとか「共通の知り合いがいる」とか、共通点が見つかると、そこから一気に話が盛り上がることはあなたも経験したことがあるでしょう。

　これは、人は共通点がある相手には、共感を抱きやすい（＝つながりが強くなりやすい）という理由からです。

　鮨屋の接客場面をビデオ録画したデータを分析した研究（平本・山内, 2016）、では、親方がなじみ客に話しかけるときには、客とのそ

れまでの関係から得られた知識（以前に来店した際に話したことのある話題）を使って話かけている一方で、初めての客には、相手の個人情報（居住地）を尋ねることによって話しかけをしている事例が紹介されています。

　これなども、相手とのつながり、特に共通基盤・共有知識の量が、雑談の内容や構造（開始発話の種類）に影響を与えることを示す例だといえます。

> ＜なじみ客に対して＞
>
> 親方：あれどうなったの、琵琶鱒（びわます）は
> 　客：あ、もうねえ
> 親方：忙しすぎるの
> 　客：自分の撮影が忙しくて
>
> ＜初めての客に対して＞
>
> 親方：お住まい、どちらのほうなんですか
> 　客：千葉、千葉、船橋ですね
> 親方：あ、そうですか
>
> （平本・山内, 2016, pp.88-90, 一部記号等は省略）

2　場面・場所

日常談話・制度的談話

　次に、雑談の行われる場面や場所について考えてみましょう。

　あなたは、普段どんな場面や場所で雑談をしていますか。ご自身の一日を振り返って考えてみてください。

　家族と食卓を囲んでいるとき、通勤や通学の途中で近所の人や同僚・クラスメイトと一緒になったとき、職場や学校の休憩時間、友達と喫茶店でお茶をしているとき、友人や同僚との飲み会や食事会、などなどいろいろな場面が思い当たったのではないでしょうか。

　このように、雑談は日常生活のあらゆる場面や場所で生じます。これらをまとめて「プライベートな場面」と呼ぶことにしましょう。

　しかし、雑談の場面は「プライベートな場面」に限られるわけではありません。例えば、会社員が職場での打ち合わせ中やクライアントとの商談中に雑談をすることはよくありますよね。また、教師であれば授業の前後に学生と、店員であれば接客中にお客さんと、医師や看護師であれば診察中や治療中に患者と雑談を交わすこともあるでしょう。ある研究 (堀田, 2016) によると、裁判員裁判制度における評議の場でも雑談が行われることがあるそうです。

　これらをまとめて「ビジネスの場面」と呼ぶことにしましょう。

　専門的には、プライベートな場面で行われる「日常談話 (daily conversation)」に対して、ビジネスの場面で制度的役割に基づいて行われる会話は「制度的談話 (institutional talk)」と呼ばれています。

　制度的談話は、目的志向型の会話ですので、その中で行われる雑

談はその談話の目的（課題）達成をサポートする性質を持つことが多いでしょう。

一方で、日常談話で生じる雑談にはそのような目的（課題）がないことが多いので、より「雑談度」の高い雑談になると思われます。（詳しくは35ページ「3 目的」で後述します。）

実質行動の有無

雑談の場面は、雑談をすることがメインの場面なのか、それともほかの行動（実質行動）をしている場面でついでに雑談もしているのかによっても、区別することができます。

雑談をすることがメインの場面というのは、例えば、学生が休み時間に教室で雑談をしている場合などを指します。

友達とおしゃべりをするために喫茶店にいる場合は、コーヒーを飲むという行動をしながら雑談をしていることになりますが、雑談をすることがメインですので、こちらに含まれます。

こうした場面の特徴を一言でいうと、「雑談をするために一緒にいる」ということです。雑談をすることが主活動ですので、こうした雑談を「メイン雑談」と呼ぶことにします。

一方、実質行動をしている場面での雑談の典型的な例は、仕事などの作業中に行う雑談です。

先ほど出てきた、鮨屋の親方が寿司を握りながらお客さんと交わす雑談がこれです。また、アメリカでは、スーパーのレジ係と商品を袋に詰める係がおしゃべりをしながらそれぞれの作業をしている光景を見かけますが、これも実質行動をしながらの雑談の例です。

こうした場面では、会話参加者は他の行動をするためにその場にいるのであって、「雑談をするために一緒にいる」わけではありません。

　他の実質行動をしながら行う雑談なので、こうした雑談は「ながら雑談」と呼ぶことにしましょう。

　ちなみに、「ながら雑談のプロ」が誰だかわかりますか。それは美容師さんです。

　洗髪やカット、カラーリングやパーマ、セットなどの手を休めずに長時間にわたってお客さんと雑談をし続ける美容師さんたち。彼ら（彼女たち）にとって、「ながら雑談」はもはや仕事の一部といってもいいでしょう。(65ページの雑コラム③も参照。)

ところで、あなたは普段「メイン雑談」と「ながら雑談」の区別を意識したことはありますか。おそらくないのではないでしょうか。

　しかし、この区別、外国語で雑談をするときには結構重要になってくるかもしれません。

　なぜなら、母語のように自由に使いこなせない外国語の場合には、「メイン雑談」よりも「ながら雑談」のほうが難易度が高いと思われるからです。

　「メイン雑談」では会話をすることだけに集中していればよいのですが、「ながら雑談」では注意の多くを実質行動のほうに取られてしまうため、会話への配分がどうしても減らざるを得ません（これを「選択的注意 (selective attention)」といいます）。

　初めて自動車を運転したときのことを思い出してみてください。ちゃんと運転するのに精一杯で、助手席の人とまともに会話などできなかったでしょう？

　これが、外国語で雑談をするときには「ながら雑談」のほうが難しい理由です。

　ただ、「ながら雑談」の場合は、たとえうまく話せなくて沈黙してしまっても、相手も自分も実質活動をしているので、それほど気まずくならない可能性もあります。

3　目的

　第2章の「1　雑談には『目的』がない？」(15ページ) で、雑談には「課題を達成する」という「短期的目的」はないが、「相手との良好な社会的関係を構築・維持する」という「長期的目的」はあると述べました。

　しかし、「目的」をもう少し柔軟に捉えてみると、雑談にはいくつかの「雑談独自の短期的目的」ともいえるものがあるように思えます。

雑談すること自体が目的の雑談
(a) コミュニケーションの義務を果たすための雑談

　例えば、バス停でまだしばらく来ないバスを見知らぬ人と2人きりで待っている状況を想像してみてください。

　その人との間で何かしらの課題を達成することはありませんし、二度と会うことがないのであれば今後の人間関係のために雑談をする必要もありません。

　それでも、「バス、遅いですね」などと話しかけたりすることはありますよね？

　この場合、「一緒にいて何もしゃべらないのは申し訳ない」「避けているなどと思われたくない」(渡瀬, 2016, p.17) というような不安な気持ちを解消したくて話しかけていると考えられます。

　つまり、特定の空間を共有している者同士、なんらかのコミュニケーションをする義務を感じ、その義務を果たすために雑談をして

いるのです。

こうした例は、「コミュニケーションの義務を果たすため」に行われる雑談といえるのではないでしょうか。

「雑談すること自体が目的の雑談」ともいえます。

(b) 純粋な時間つぶしとしての雑談

第1章で、一般的なイメージとして「時間つぶし」が挙げられていましたが、知り合い同士の場合には、積極的な「時間つぶし」の意図を持ってする雑談もありそうです。

例えば、大学生が1限目の始まる20分前に教室に着いたら、すでにクラスメイトが1人来ていたという場面を想像してみてください。

授業開始までは、読みかけの小説を読んでいてもいいし、スマホでLINEをしていてもいいし、他にもできることはいろいろあるけど、そのクラスメイトとおしゃべりして過ごしたという場合は、授業開始までの20分間という「時間をつぶす」ことが目的で雑談が行われていることになります。

これも「雑談すること自体が目的の雑談」の一種でしょう。

(c) 語りたいという欲望を満たすための雑談

何か話さなければという義務感からでもなく、単に時間をもたせるためでもなく、もっと積極的に自分が話したいことを誰かに聞いてもらいたいという欲望を満たすためだけに雑談をすることもあるかもしれません。

言語学者の定延利之は、著書『煩悩の文法［増補版］―体験を

語りたがる人びとの欲望が日本語の文法システムをゆさぶる話─』(2016, 凡人社)の中で、自分の体験を他人に語りたいという「煩悩」の存在を示す例として、井伏鱒二の小説『掛け持ち』の一節を引いています。

そこでは、旅館の客が自分の体験談（釣果の自慢）を語りたいがためにわざわざ用事を作って番頭を呼びつけてまで雑談をしている様子が描かれています。

> でっぷり太った客は広い部屋の片隅（かたすみ）に胡坐（あぐら）をかき、うつむいて洟（はな）をすすりながら友釣りの仕掛けをこしらえていた。「お呼びで御座いますか」と喜十さんが入口にかしこまると、井能さんという太った客は「ちょっと、ききたいことがあるので」と言った。何か重大なことでもきくのかと思っていると、「ここの川ではテグスは何厘（りん）ぐらいが理想的ですか」と言った。しかし喜十さんがまだ返事をしない間に、井能さんは「厘半ではどうだろう。こないだ僕は富士川の十島で厘半を使ってみたがね。ところがどうだろう。八寸九寸というやつが幾らでも釣れるんだ。それで夢中になって釣っているうちに、三時間に十八ぴき釣れたね。今日は三びき放流したことになったけれど、今日のような不漁は滅多にない」と井能さんはそういう法螺（ほら）を吹いた。喜十さんが「それは大漁でしたね。三時間に十八ぴき」と感心してみせると「それで、夕方までには三十何びき釣り上げたね」と図に乗って法螺を吹いた。釣り道楽の人間が釣りのことを人にたずねるのは、人に物をたずねたいからではなく、法螺を吹くきっかけを見つけたいためである。
>
> 井伏鱒二「掛け持ち」(1940,『山椒魚』新潮文庫, pp.107-108)

第3章　雑談を多面的に分析してみると

雑談には、このように、相手との人間関係のことなどは微塵も考えず、ひたすら自分の欲望を満たすために行われるものもありそうです。

　この手の雑談は「語りたいという欲望を満たすための雑談」とでも呼ぶことにしましょう。

　ここで挙げた「コミュニケーションする義務を果たすための雑談」「時間つぶしのための雑談」「語りたいという欲望を満たすための雑談」は、第1章で紹介した筒井 (2012) の定義の<u>「特定の達成するべき課題がない状況において、相手と共に過ごす活動として行う会話」</u>に該当すると考えられます。

課題遂行会話の前置きとしての雑談

　一方で、「課題があってもそれを行っていない時間において、相手と共に過ごす活動として行う会話」(筒井, 2012, p.33) に該当すると考えられる雑談もあります。

　その１つが、「課題遂行会話の前置き」として行われる雑談です。

　今度は、あなたがとあるメーカーの営業社員だと想像してみてください。クライアントの会社を訪問した際に、先方の担当者と挨拶するなり、いきなり自社製品の説明を始めたり、注文のお願いをしたりするでしょうか。そんなことしませんよね。

　その前に最近の景気の話とか、先方企業の業績の話とか、当たり障りもなく、本来の「課題」(ここでは注文を取ること)とは直接には関係ない話をしてから、さりげなく本題に移るのではないでしょうか。

　このように、ビジネスでは課題遂行のための会話(いわゆる「商談」)の前置きとして頻繁に雑談が活用されています。

　「前置きとしての雑談」は、なにもビジネスに限られるわけではありません。あなたは、頼みごとをするときに用件しか話さない友人がいたらどう思いますか。「利用されているだけの関係なんじゃないか」と感じて嫌な気持ちになったり、警戒心を持ったりしないでしょうか。

　では、そんなふうに思われるのを避けるためには、どうしたらいいでしょうか？　そうです。いきなり依頼をするかわりに、はじめのうちは依頼とは関係ない話をして、ただ依頼をしにきたわけではないことをさりげなくアピールすればいいのです。

　これも「前置きとしての雑談」です。

その② 「ポライトネス理論と雑談」

　語用論（言葉が使われる文脈の観点から言葉の意味を研究する言語学の分野）で提唱された理論に、ポライトネス理論というものがあります。

　この理論でいう「ポライトネス」とは、「円滑なコミュニケーションを図り、会話相手との円満な関係の構築・維持を行う言語行動全般」を指すものであって、私たちが普通考える「丁寧さ」とはちょっと違います。

　例えば、人に食事を勧めるときの言い方として、「よろしかったらお召し上がりください」と「さあ食べて、食べて！」だったら、どちらが「丁寧」でしょうか。

　もちろん「よろしかったらお召し上がりください」のほうですよね。

　では、仲の良い友達の家に夕飯に招待されたときに、その友達から「よろしかったらお召し上がりください」と言われたら、どんな気持ちがしますか。

　なんかよそよそしい感じがして、友達との間に距離を感じませんか。

　仲良しなんだから、そんな他人行儀な言い方じゃなく、「さあ食べて、食べて！」と言ってもらいたいですよね？

つまり、この場合には「さあ食べて、食べて！」という言い方のほうが、「円滑なコミュニケーションを図り、会話相手との円満な関係を構築・維持する」言い方、すなわち「ポライト」なのです。

　どうしてこれがポライトなのかというと、「さあ食べて、食べて！」という言い方は、私たちが持っている他人から認められたい、距離を縮めたい、仲間として扱われたいという欲求（「ポジティブ・フェイス (positive face)」と呼ばれます）を満たす（つまり、「いい気分になる」）からです。

　一方、私たちは、他人に干渉されたくない、距離を置きたい、自分の行動を邪魔されたくないという欲求（「ネガティブ・フェイス (negative face)」と呼ばれます）も持っています。

　「よろしかったらお召し上がりください」という言い方は、相手がそれほど親しくない人や目上の人だった場合には、相手のネガティブ・フェイスを満たすため、「ポライト」な言い方になるのです。（そして、私たちはこの場合を指して「丁寧」だというのです。）

　ポライトネス理論を提唱したペネロピ・ブラウンとスティーヴン・レビンソンは、ポジティブ・フェイスを満たす戦略をポジティブ・ポライトネス・ストラテジー (positive politeness strategies)、ネガティブ・フェイスを満たす戦略をネガティブ・ポライトネス・ストラテジー (negative politeness strategies) と呼び、15種類のポジティブ・ポライトネス・ストラテジーと10

種類のネガティブ・ポライトネス・ストラテジーを挙げています (Brown & Levinson, 1987)。

　彼らが挙げたポジティブ・ポライトネス・ストラテジーの1つに、「共通基盤を想定・喚起・主張せよ」というのがあります。

　相手との共有知識を増やしたり、共通点を再確認するために行われる「雑談」は、相手のポジティブ・フェイスを満たす（つまり、「あなたと私は仲間だ！　うれしい！」という気持ちよさを感じさせる）効果的なツールなのです。

　「前置きとしての雑談」の効果も、このポライトネス理論で説明できます。

　相手の最近の調子を聞いたり、何か気づいたことをほめたりといったさりげない雑談を挟むことで、相手に好意や関心があることが伝わり、その後で行う「課題遂行会話」をスムーズに進めることができるわけです。

初対面時のアイスブレイクとしての雑談

見知らぬ人同士が出会う場というのがありますよね。

例えば、大学の新入生オリエンテーションや会社の社員研修、サークルの新歓コンパに婚活パーティー、さらには地域の市民講座などがそうです。

このように初対面の人同士が出会う場面では、特にはじめのうちはお互い緊張していて、ぎくしゃくした雰囲気になりがちです。

そんなときに、場の緊張をほぐして参加者が円滑なコミュニケーションができるようにするためのレクリエーションとして「雑談」が利用されることがあります。

初対面の場の緊張をほぐし、参加者同士が話をしやすい雰囲気をつくる仕組みは、「アイスブレイク (icebreaker)」と呼ばれています (今村, 2009) が、雑談にはアイスブレイクとしての機能もあるわけです。

アイスブレイクとしての雑談も、ある意味では「課題遂行会話の前に行う雑談」といえるかもしれません。

アナウンサーの梶原しげるによると、テレビのバラエティ番組では、本番開始前に前室 (スタジオ前にある出演者の控室) で、「メンバーの気分を高め、全体の空気を暖める」ために、MC (司会者) が出演者と雑談 (「アイドリングトーク」と呼ばれます) をすることがあるそうです (梶原, 2009, p.80)。

また、元客室乗務員の水原史希子によると、航空会社のチーフ・パーサーは、オペレーションセンターで行うブリーフィング (打ち合わせ) の前に、客室乗務員たちの緊張をほぐす目的で軽く雑談をすることがあるそうです (水原, 2015, p.27)。

こうしたケースでは、出演者や客室乗務員同士が初対面ということはあまりないかもしれませんが、一種のアイスブレイクとして雑談が活用されている例だといえそうです。

グループ・アイデンティティを構築するための雑談

　これまで雑談の長期的目的は「相手との良好な社会的関係を構築・維持すること」だと述べてきましたが、これを突き詰めていくと、「グループ・アイデンティティ (group identity)」や「仲間意識 (solidarity)」の醸成という目的が浮かび上がってきます。

　雑談は、「共有していない情報を共有化すること」「ある情報を共有していることを再確認すること」を通して、「共通点が多い間柄＝仲間」という意識を強めることに貢献しています。

　女子高生が喫茶店でファッションやアイドルの話題で延々とお茶をしていたり、サラリーマンのおじさんたちが仕事帰りに飲み屋で何時間も仕事の愚痴を言い合ったりしているのも、「雑談ができる相手＝仲間」という認識の構築、あるいはその確認をしているといえるでしょう。

　職場のミーティング談話を分析した研究 (Holmes, 2000; Murata, 2015) によっても、ミーティング時の雑談はメンバー間の連帯感を強め、メンバーシップの構築に貢献することが指摘されています。

　このように、意識的かどうかにかかわらず、雑談はある集団に所属するメンバー間にグループ・アイデンティティ（仲間意識）を醸成する目的で行われることもあると思われます。

インプレッション・マネジメントのための雑談

　ビジネス誌『PRESIDENT』(2016.4.18号) で雑談の特集が組まれたのですが、その特集のタイトルはズバリ「名社長直伝！ 100%<u>人に好かれる雑談力レッスン帖</u>」(下線筆者、以下同様) でした。

　そして、その特集のトップページでは、「たかが雑談、されど雑談。日常の他愛ないおしゃべりが<u>人の印象</u>を<u>左右する</u>ことも多い」(p.29)と謳われ、特集内には、「<u>自分を印象づけるために</u>短時間で何を話すべきか」(p.43)、「どうすれば部下・上司から<u>好かれる</u>のか」(p.45)、「ライバルについてどう語れば<u>自分を引き立てられるか</u>」(p.49) などの小見出しが踊っていました。

　同様に、ビジネスパーソンを対象としたハウツー本でも、「雑談ができる人は、<u>融通が利くく、発展性がある人だと思われる</u>」(石井, 2015, p.207)、「雑談のよしあしは<u>相手に与える自分の印象をガラッと変えます。</u>」(安田, 2015, p.26) など、雑談によって良い印象を与えることができるという主張が散見されます。

　そうしたハウツー本の中には、雑談をするだけで「人の話をきちんと聞くタイプである」「よく気がつく人間である」「あなたに興味を持っている人間である」「気持ちに余裕がある人間である」「素直で正直な人である」などの自己アピールができると主張するものもあります (渡瀬, 2016)。

　こうしたビジネス関連書籍を見る限り、どうやら今日のビジネス社会では、人からよく思われたり、好かれるために、あるいは、特定の「キャラクター」を印象づけるために、雑談を行う機会が増えているといえそうです。

これは言い換えると、雑談がインプレッション・マネジメント(印象管理)の一手段として利用されることもあるということです。

情報収集のための雑談

ドラマや映画で、探偵やスパイが相手に警戒されないようにしかけた雑談の中で情報を聞き出すシーンがあります。

会話の本題として面と向かって質問すると答えてもらえないような場合に、情報を引き出す手段として戦略的に雑談が活用されているケースです。

雑談を利用して情報収集をするのは、なにも探偵やスパイの「専売特許」ではありません。

以下の、貧困家庭の子どものための学習支援教室のルポからの引用をご覧ください。

> ある日の夕方、学習支援教室を訪ねてみた。生徒の中には学生ボランティアとマンツーマンで学習に取り組んでいる子もいれば、「今日は勉強しない」と宣言して、学生と雑談している子もいた。「でも雑談も大事なんです」と、学習支援教室担当スタッフの横田藍さんは話す。(中略)横田さんは、<u>雑談の中で子供の進路や家庭に関する悩みをキャッチし、相談相手になったり必要な情報を提供すること</u>で、子供の自立の支えになることもスタッフやボランティアの役割だと話す。
>
> (『週刊東洋経済』(2014.9.20号), p.63, 下線筆者)

尋問調で質問をしては心を閉ざしてしまうかもしれない子どもたちの悩みを聞き出すために、「今しているのは単なる雑談なんだ」という安心感の中で必要な情報を自然に話してもらっている様子が見て取れます。
　こうした雑談は、「情報収集のための雑談」といえるでしょう。

4 話題

話題の分類

第1章の「1 『雑談』の一般的なイメージ」(2ページ)で紹介した雑談の「内容」に関するイメージには、「たわいもない」「(本題と)関係ない」「とりとめのない(重要でない)」「いろいろな」といったものがありました。

ところで、本題と関係がない、さして重要ではない内容とはいったいどのような話題なのでしょうか。

いろいろなことをとりとめもなく話すのが雑談だとはいっても、そこで選ばれる話題に一定の傾向といったものはないのでしょうか。

あなたは、普段雑談をするときによく話す話題はありますか。

あるハウツー本（松橋, 2010）によれば、雑談の話題としてよく取り上げられる内容は決まっていて、それらの頭文字をつなげると、「**木戸に立ち掛けし（キドニタチカケシ）衣食住**」になるそうです。

> キ：気候
> ド：道楽（趣味・テレビ・映画・スポーツ）
> ニ：ニュース
> タ：旅
> チ：知人
> カ：家族
> ケ：健康
> シ：仕事
> 衣：ファッション
> 食：グルメ
> 住：家、住まい
>
> （松橋, 2010, pp.66-67）

あなたがよく話す話題はこの中にありましたか。

言われてみれば、こうした話題について話していることが多いような気もしますね。

ただ、これらの話題はどんな雑談でも同じように頻繁に取り上げられるわけではなく、相手や状況によって、ふさわしいものとそうでないものがあるのではないかと思います。

例えば、初対面の相手には「気候（天気）」の話題から始めるという人も多いかもしれませんが、家族や仲良しの友人と「いい天気だね」「最近めっきり寒くなったね」なんて天気の話をするのは、か

第3章　雑談を多面的に分析してみると

なりよそよそしいのではないでしょうか。

　また、職場で会議が始まる直前にその会議に関係のある取引先のゴシップ（「仕事」や「知人」）について話すことはあっても、昨日見たバラエティ番組（「道楽」）について話したりするのはあまりほめられたものではありません。

　相手との関係やその場の状況などによって、取り上げることができる話題はある程度制限されているということなのでしょう。

　また、そもそも雑談にふさわしくない話題というのもあるようです。例えば、政治や宗教に関する話題がそうですね。

　こうした話題は個人の思想が深く関わっていて、議論（言い争い）に発展してしまう可能性が高いため、雑談の話題としては避けたほうがよさそうです（安田, 2015）。

先ほどの松橋 (2010) の分類は単に具体的なトピックを羅列しただけでしたが、雑談の話題は次のような観点から整理することもできます。

---

① 現場に存在しない事物についての話題

(a) 会話参加者に関する話題
会話参加者の経験や現状、予定、習慣などの行動や、会話参加者の有する考えや感情。

(b) 第三者に関する話題
会話の現場にいない第三者の経験や現状、予定、習慣などの行動や、第三者の有する考えや感情、また一般的・抽象的な事柄など、(a) 以外の話題。

② 現場の事物に関する話題
会話を行っている場に存在する物や、会話中に発生する出来事など。

(a) 相手に属するものについての話題
相手の所有物の詳細や手に入れた経緯、相手が出した飲み物や食べ物の属性や評価など。

(b) 自分に属するものについての話題
自分の所有物の詳細や手に入れた経緯、相手に出した飲み物や食べ物の属性や評価など。

(c) 相手にも自分にも属するものについての話題
共に見ている天候や景色、共に食べたり飲んだりしている物など。

(d) 相手にも自分にも属さないものについての話題
その場にいる第三者、その場にある相手と自分以外の物、テレビに映っている人や物など。

（筒井 (2012, p.52) をもとに作成）

この分類は、話題として取り上げる事物に対する会話参加者（話し手と聞き手）の認識の程度と知識の量を基準としたものです。

　現場の事物は会話参加者のどちらも認識できますが、現場に存在しない事物は話題を持ち出す時点では話し手の頭の中にしかありません。

　そのため、現場の事物と現場に存在しない事物では、その話題を導入するための手続きや言語形式（表現や語句）も異なってきます（筒井, 2012）。

　先ほどの「木戸に立ち掛けし（キドニタチカケシ）衣食住」のトピックも、この分類に従うとさらに細かく分類できそうです。

　例えば、「気候」の話題は、「今日も蒸し暑いですね」というように、会話をしている時点でのその場の天気のことを話しているのであれば「②現場の事物に関する話題」の「(c) 相手にも自分にも属するものについての話題」に分類されますが、「梅雨の時期は気分が滅入りますよね」というように、梅雨の季節ではないときに梅雨に対する気持ちについて話しているのであれば「①現場に存在しない事物についての話題」の「(a) 会話参加者に関する話題」に分類されるといった具合です。

　「(a) 会話参加者に関する話題」は、自分のことを話したり、相手のことを話してもらったりするわけですから、相手と自分の間の共有知識を増やしてくれます。

　特に、相手に関する話題を話すと、相手に対して関心を持っていることが伝わるため、2人の距離を近づけるのに役立ちます。

　「②現場の事物に関する話題」の「(a) 相手に属するものについて

の話題」「(b) 自分に属するものについての話題」「(c) 相手にも自分にも属するものについての話題」も同様ですね。

「(d) 相手にも自分にも属さないものについての話題」の場合でも、相手も自分も同時に認識できる対象であることは「共通基盤・共有知識」であるといえるため、「共通点の確認」をすることになり、やはり相手との距離を縮めるのに役立つと思われます。

同様に、「①現場に存在しない事物についての話題」の「(b) 第三者に関する話題」の場合であっても、その第三者が2人の共通の知人や有名な芸能人・スポーツ選手などのように誰でも知っている人なのであれば、やはり「共通点の確認」ができることになります。

こうした話題の中でも最も雑談が盛り上がるのは、やはり「(a) 会話参加者に関する話題」でしょう。

会話参加者に関する話題の中でも、特に相手も自分も知っている話題がベストなことは間違いありません。

私たちは自分と共通点が多いほど、相手と自分は似ていると感じ、親近感を覚えます。反対に、共通点が少なければ相手は自分とは違うと感じ、それだけ心理的な距離が生じるものです(箱田, 2008a)。

きっとあなたも、初対面の人やあまりよく知らない人と会話をしているときに、共通の友人がいることや、出身地や出身校が同じだとわかったとたんに急に親しみを感じたことがあるでしょう。

人は、このように共通点のある人に好感を持ちがちです。

そのため、初対面やそれほど知らない相手との雑談では、相手と自分の共通点を見つけ出せるような話題を選ぶことが大切です。

共通点が多く親近感が湧く状態を、松村 (2011) は「共感ゾーン」

と呼び、「共感ゾーン」に入りやすい話題として以下の5つを挙げています。

> ① 同じ事実
>   （出身地、出身校、家族構成、同年代）
>
> ② 同じ知り合い
>
> ③ 同じような趣味
>   （スポーツ、娯楽、学習、旅）
>
> ④ 同じような体験
>   （快適体験、恐怖体験、悩み（介護、受験、恋愛、子供など））
>
> ⑤ 同じような思考
>   （信念、考え方、応援チーム、尊敬する人）
>
> （松村, 2011, p.68）

このうち「①同じ事実」「③同じような趣味」「④同じような体験」「⑤同じような思考」は、51ページに挙げた筒井 (2012) の分類では、「①現場に存在しない事物についての話題」の「(a) 会話参加者に関する話題」に、「②同じ知り合い」は、同じく「(b) 第三者に関する話題」に該当します。

こうした話題をうまく見つけることができれば、その後の会話が盛り上がる可能性は高くなりそうです。

ただし、「家族構成」についての話題は、「離婚、死別、不妊、絶縁、

DVなど複雑な家庭背景を持った人」も大勢いることから、避けたほうがよいという意見もあるようです (小川・俣野, 2015, p.57)。

また、顔を合わせる機会が多い人やそこそこ知っている人などと雑談をする場合には、特に「相手の興味あるもの・好きなもの」について話すとよいようです。

齋藤孝はベストセラー『雑談力が上がる話し方──30秒でうちとける会話のルール──』(2010, ダイヤモンド社) で、「相手の興味あるもの・好きなもの」に関する話題を、「この人には、これが鉄板」という感じで「人と話題」の対応関係 (これを「偏愛マップ」と名付けています) として記憶しておくことを勧めています。齋藤によると、この偏愛マップを更新し、派生させて広げていくことが人との雑談を上手に続けていくコツなのだそうです。

話題の展開

雑談では「いろいろなこと」が話題に上るということは、それらの話題が次々と展開していくということです。

ついさっきまでXについて話していたのに、もうYについて話しているということはよくあります。

1つの話題に結論が出なくてもそんなことおかまいなしに、いやむしろ結論など出さずに、次の話題へとどんどん移っていくこと、またその展開の速さは、雑談の特徴の1つと言ってもよいのではないかと思います。

雑談においてどのように話題が移り変わっていくのかを調査した研究があります (河内, 2003)。次の表は、その研究結果の一部です。

FとUの雑談 (20分、767発話)

大話段	話段	小話段
I 談話の開始	1 談話の開始 [108]	1-1 テニススクール [40]
		1-2 飲食開始 [14]
		1-3 談話の開始 [50]
		1-4 2人の戸惑い [4]
II 日焼けと旅行	2 日焼け [39]	
	3 海外旅行 [37]	
III お菓子	4 お菓子 [55]	4-1 ドンタコス [23]
		4-2 ポップコーン [32]
IV テーマパーク	5 テーマパーク [161]	5-1 ディズニーランド [44]
		5-2 ディズニーシー [18]
		5-3 ユニバーサルスタジオ [62]
		5-4 鼻炎 [9]
		5-5 映画とアトラクション [28]
V 部屋	6 部屋 [25]	6-1 Wの部屋 [14]
		6-2 Uの部屋 [11]
	7 勉強 [42]	7-1 中国語の思い出 [25]
		7-2 資格 [5]
		7-3 録画への意識 [12]
VI 休日	8 Uの休日 [46]	
	9 Uの彼女 [48]	
	10 日焼け [70]	10-1 日焼け [20]
		10-2 海での過ごしかた [32]
		10-3 日焼けする体質 [18]
	11 Uの休日の過ごしかた [26]	
VII Fの免許と社員証	12 Fの免許証 [17]	
	13 Fの会社 [30]	13-1 Fの社員証 [18]
		13-2 Fの勤務地 [12]
VIII 休日と友人達の話	14 休日の過ごしかた [19]	
	15 トイレ [23]	
	16 友達との連絡 [21]	

(河内, 2003, p.46〔資料1〕を基に作成。［ ］内は発話数)

この表は、男性2名（FとU）が行った20分間の雑談で出てきた話題の変遷を示しています。

　「話段」というのは、会話の中で同一の話題について語られている部分（発話のまとまり）を指します。

　「話段」は、より具体的な細かい話題によって「小話段」に分けられることもありますし、関連したいくつかがまとめられて「大話段」になることもあります。

　左の表を見ると、わずか20分の雑談なのに話段が16もあります。つまり、20分で16個の話題について話しているということです。このように、雑談では短時間に多くの話題が次々と話されていくことが多いのです。

　雑談の話題の展開のしかたに関するもう1つの特徴は、いろいろな話題が次々と取り上げられるとはいっても、それらはまったく関係のない話題ではなく、直前の話題となんらかの関連性を持った話題であることが多いことです。

第3章　雑談を多面的に分析してみると

先ほどの男性 2 名 (FとU) の雑談の例 (小話段 6-2 から 7-2 まで) を見てみましょう。

小話段	発話
6-2 Uの部屋	(略) F：彼女が掃除とかしないと、無理でしょ。 U：うん。 (沈黙 2 秒)
7-1 中国語の思い出	U：あー、これ、使ってたじゃん。 F：うん？嫌なことをいうな。嫌な思い出を思い出さすな。 U：嫌なの？ F：だって、落ちたもん、俺、チャイ語。 U：あ、そうだっけ？ F：ああ。 (略) (沈黙 13 秒)
7-2 資格	U：なんか、Vちゃんも、いろいろ勉強しているな。 (沈黙 3 秒) U：(鼻をすする音) やっぱ、中小企業診断士取るか。

(河内 (2003, pp.44-45)〔例 1〕をもとに作成)

「7-1 中国語の思い出」の話題を導入する発話（「あー、これ、使ってたじゃん」）は、その場にあった中国語の教科書（「これ」）を新しい話題のきっかけとして取り上げているのですが、「部屋の中にあった教科書・参考書が話題となっているため、「部屋」という共通点を持っている」(河内, 2003, p.44)と考えられます。

また、「7-2 資格」では、中国語の隣に置いてあった資格試験の本を話題として取り上げることにより、「中国語」から「資格」の話題に移っていくのですが、「7-1 と 7-2 の話題は、勉強という共通点を持つ話題」(河内, 2003, p.44) です。

今話している話題と関連した次の話題に、次々と移行していく様はまるで「連想ゲーム」のようです。

そして、関連する話題（小話段）が連なることによって話段が、さらに関連する複数の話段がつながって大話段が構成されていくのです。

関連した話題に移行するという特徴は、ハウツー本でも指摘されています。

例えば、齋藤孝の『雑談力が上がる話し方—30秒でうちとける会話のルール—』(2010, ダイヤモンド社) では、「前の話題を一度リセットして、まったく関係のない話を始めるのではなく、前後の話題がどこかで関連づけされて鎖状に連なっていること」(p.53) が、話題をスムーズに展開して雑談を盛り上げるために大切だとしています。

このように、雑談では次から次へと話題を「横に広げる」のが基本です。

この点で、1つの話題を「縦に掘り下げる」のが基本である商談

や専門的な会話、議論や討論などとは異なります。

　話題が際限なく横に広がっていく雑談では、「脱線」も大いに歓迎されます。齋藤は前述の本で、「あれ、そもそも何の話をしてたんだっけ？」という言葉が出てくるぐらいのほうがいい雑談だとしています。

　関連した話題へとつなげていく具体的なテクニックを紹介しているハウツー本もあります。

　例えば、『キラークエスチョン─会話は「何を聞くか」で決まる─』(山田玲司, 2009, 光文社, p.84) によると、「共感」「平行移動」「時間軸導入」「身近話」「恋愛話」「スペースへのパス」などの関連付けの質問テクニックがあるそうです。

　相手が「出身は仙台です」と言った場合、「仙台は何がおいしいですか」とか「仙台は雪は多いんですか」といった質問くらいしか思い浮かばないかもしれません。

そんなときには、このテクニックに沿って質問を考えると、次のようにいろいろな方面に話題を広げていく質問を思いつくことができそうです。

有名人を共通項に共感へ	「有名人だと誰が仙台出身ですか」
共感	「何月くらいに仙台に行くのがおすすめですか」
平行移動、身近話	「両親ともに仙台の人なんですか」
時間軸導入	「仙台の昔と今は変わりましたか」
恋愛話	「仙台の若者のデートはどこが定番ですか」
スペースへのパス	「逆に仙台以外でどうしても行ってみたいのはどこですか」

（山田, 2009, p.85）

　ここまで見てきたように、雑談は基本的には自由な「連想ゲーム」ですが、話題の展開に一定の制約が生じる場面もあります。

　例えば、初対面の人やあまりよく知らない人が相手の雑談では、いきなり相手や自分のことを話題にしてしまうと、警戒されたり、馴れ馴れしいと思われてしまうかもしれません。

　そのようなときには、まずは現場の事物（その日の天候や今いる場所、見えている景色など）に関する話題から始めて、少し打ち解けてから相手に関することを聞いたり、自分のことを話したりするのが一般的でしょう。

また、会話参加者に関する話題にシフトするときも、54 ページで紹介した共感ゾーンに入りやすい話題を例にすれば、「①事実→②知り合い→③趣味→④体験→⑤思考」という順序で、最初は客観的なものから始めて、徐々に主観的・内面的なものへと移行していくのがよいと思います。

話題	開始発話の例
① 事実	「田中さんも関西出身なんですよね」
② 知り合い	「サークル、アニ研なんですか？　じゃ、鈴木知ってます？」
③ 趣味	「日本史専攻ってことは、『城巡り』とかもしたりとか？」
④ 体験	「田中さんは、戦国時代の食事って食べたことあります？」
⑤ 思考	「観光地で武将のコスプレする『歴女』って、どうなんでしょうね」

　「横に広げる」のが基本の雑談ですが、それだけだと表面的な会話で終わってしまいかねません。
　「雑談すること自体が目的の雑談」であればそれでも十分ですが、相手と仲良くなりたい、信頼関係を築きたいという場合には、時には話題を「縦に掘り下げる」ことも必要になってきます。
　話題を横に広げていると、相手との共通点が見つかったり、相手が自慢気な話をしたりするときがあると思いますが、そのようなときには、すぐ次の話題に行くのではなく、その話題を集中して深堀りすると、充実した雑談になります (松橋, 2010, p.60)。

次の2つの例を比べてみてください。

<すぐ横に広げてしまう例>

知人：昨日、三浦半島に釣りに行ったんですけど、初めて大物を釣り上げましたよ。

あなた：ほぉ〜、すごいですね！　そういえば、三浦半島って三崎のマグロが有名ですよね。僕、一度食べに行きたいと思ってるんですよ。

<縦に掘り下げる例>

知人：昨日、三浦半島に釣りに行ったんですけど、初めて大物を釣り上げましたよ。

あなた：ほぉ〜、すごいですね！　何を釣ったんですか。

知人：ブリです。

あなた：えっ、三浦半島でブリが釣れるんですか？！

知人：ええ。でも、大物にはめったに出会えません。

あなた：どれくらい大きいのを釣ったんですか。

知人：120センチです。11.5キロもあったんですよ。

あなた：えー、それはすごい！　釣り上げるの大変だったでしょう？

知人：いやぁー、もう格闘でしたよ。

最初の例では、「三浦半島」をキーワードにして関連性のある話題(「三崎のマグロ」)に移行しています。

しかし、これでは「大物を釣った」ことを話したい(自慢したい)知人は、武勇伝を披露する前に話題を変えられてしまって、あなたに対して不満を感じているはずです。

このような雑談では会話が盛り上がりませんし、あなたと知人との間に共感や信頼関係が生まれるとも思えません。

一方、後の例では、あなたは「大物を釣った」話題を掘り下げるように、次々とその話題に関する質問をしています。

質問することによって、あなたが相手(知人)に対して関心を持っていることが伝わりますし、結果として、相手の話したいことを誘導するかのように雑談が進んでいます。

これなら、相手(知人)は自分が話したいことを詳しく話せて気分がよくなりますし、自己開示や共感を通して、信頼関係もより深まります。

「横に広げる」と「縦に掘り下げる」、この2つを上手に使いこなすことが雑談を成功させる秘訣なのかもしれません。

(とある男性社員がキャバクラで展開させたほうきの話)

その③
「美容師さんを見習え！」

　スムーズな話題の展開の見本として参考になるのは、美容師さんでしょう。

　美容室の滞在時間は1時間（カットのみ）から3時間（パーマやカラーも）くらいでしょうか。その間お客さんを退屈させない雑談をし続ける美容師さんは、まさに「ながら雑談のプロ」ですよね。

　彼ら・彼女たちは、その日の天気や近くのお店、流行のファッションなどの気軽な話題から、お客さんの自慢話や仕事の愚痴に至るまで、ハサミを持つ手やロットを巻く手を休めることなく、縦横無尽に雑談を展開していきます。

　これまで十数件の美容院を（客として）渡り歩いてきた私の見立てでは、そんな美容師さんたちが初めての客と雑談を始めるときに使う必殺フレーズ（「キラー・クエスチョン」と言います）は「今日はお休みですか」です。（私は平日の午後に美容院に行くことが多いので、まず間違いなく聞かれます。）

　なぜこれがキラー・クエスチョンかというと、初めてのお客さんに対しても当たり障りのない質問でありながら、この質問から、仕事や趣味、休日の過ごし方などの話題に上手に展開していくことができ、そうした話題を通してお客さんに関する情

報をさりげなく集めていけるからです。

そして、そのときに聞いた内容を次回の来店時までちゃんと覚えていて、その話題を振るのです。

前回その話題で盛り上がったのなら、お客さんはそのときの楽しい気分を思い出すでしょうし（このテクニックは「アンカリング」といいます。詳しくは、109ページの「『心理的距離を近づけるため』の質問」を参照。）、そもそも自分のことを覚えていてくれたら素直にうれしいので、美容師さんに対して親しみを持ちます。

そして、自分を気持ちよくしてくれる美容師さん、親しみを感じる美容師さんがいるお店に通うようになるのです。

カットやセットの技術だけでなく、「雑談力」もリピーターを作ることに一役買っていることは間違いないでしょう。

私が以前に通っていた代官山の美容院のスタイリストさん（女性）も、そんな「雑談の達人」の一人です。

あるときは、私が執筆中の書籍（英会話の教材）の話題を起点に、日本の学校英語教育の良いところ・悪いところ、自分の学生時代の外国語学習の経験、知り合いの帰国子女から聞いたエピソード、国際語としての英語の価値、日本における外国人増加の影響などなど、次々と話題が展開され、楽しく雑談をしているうちにあっという間にカットが終わっていました。

これの何がすごいかわかりますか。それは、この雑談、ずっと私の「ホーム」、スタイリストさんの「アウェイ」の話題だ

ということです。私が興味がある話題、知識がある話題、楽しく話せる話題を選んで雑談を続けてくれていたわけです。

　おそらく、こうした配慮は私に対してだけではないでしょう。お客さんの仕事や興味、余暇活動などに合わせて変幻自在に話題を展開する雑談力。カット代が多少高くても（税抜7,000円、泣）、ついついリピートしてしまうのは、この雑談力のせいなのです。

5　構造

　第2章の「2　雑談には『構造』がない？」で、『雑談の構造分析』(筒井, 2012) という研究書を紹介しました。この書籍は、タイトル通り、「雑談の構造」を明らかにしたものです。

　ここでは、この研究の結果に基づいて、雑談の構造を詳しく見ていきたいと思います。

開始部

　では、雑談はどのように始められるのかから見ていきましょう。

　第2章で、雑談において話題を開始する発話には〈質問〉〈報告〉〈共有〉〈独り言〉の4種類があり、そのうちのどれが選ばれるかは、「参加の枠組み」「知識や経験の共有の有無」「情報伝達の方向性」によって決まることを紹介しました (筒井, 2012)。

　以下に21ページの表を再び掲載します。

参加の枠組み	知識・経験	情報伝達の方向性		開始発話
対話	非共有	要求	→	〈質問〉
		提供	→	〈報告〉
	共有	要求・提供	→	〈共有〉
独話	非共有	―	→	〈独り言〉

(筒井 (2012, p.56) をもとに作成)

筒井によると、この4種類の開始発話は、発話の機能によってさらに細かく分類できるそうです。

　例えば、〈質問〉は相手に「回答」を要求する発話ですが、その回答が事実に関する客観的な情報である場合（「情報要求」）、エピソードなどの一連の物語である場合（「語り要求」）、何かに対する意見などの主観的な情報である場合（「意見要求」）の3種類に分類できます。

　反対に、〈報告〉は話し手が自発的に情報を提供する発話ですが、これには事実に関する客観的な情報である場合（「情報提供」）、エピソードなどの一連の物語である場合（「語り」）、何かに対する意見などの主観的な情報である場合（「意見提示」）の3つに加えて、目の前のある状況の認識である場合（「存在認識の表明」）もあります。

　同様に、〈共有〉は、相手と共有している知識や経験について思い出させる場合（「想起要求」）、自分から自発的に語る場合（「語り」）、主観的な情報を伝える場合（「意見提示」）の3種類に、〈独り言〉は、話し手が抱えている問題を表出する場合（「問題提示」）と何かに対する主観的情報を表出する場合（「意見表出」）の2種類に分けることができます。

これらをまとめたのが、次の表です。

開始発話	発話の機能	例
〈質問〉	情報要求	「山田さんいつ帰ってくるの？」
	語り要求	「合宿どうでした？」
	意見要求	「みんなで飲み会したくない？」
〈報告〉	情報提供	「また 5 月 USJ 行くんだ」
	語り	「こないだ工藤さんにロシアのチョコレートもらったんだけど」
	意見提示	「やっぱいいわあジュリエット・ビノシュ」
	存在認識の表明	「そこら辺全部画集関係だね」
〈共有〉	想起要求	「あれ (送別会) どこだったっけ」
	語り	「あの時彼女の話が一番怖かったね」
	意見提示	「 (映画) おもしろかったね」
〈独り言〉	問題提示	「夏な、どうやって過ごそうかな」
	意見表出	「静かにしとこ明日は」

（筒井 (2012, pp.57-59) をもとに作成 , 例も筒井からの引用）

　このように発話の機能の観点から細かく見てみると、何気なく話し始めていると思っている雑談にも、その始め方には特定のパターンが存在することがわかります。

連鎖組織

　筒井 (2012) が明らかにした雑談の構造は、これだけではありません。

　話題の特性と開始発話の種類によって、次の相手の発話 (の機能) やその後の発話 (の機能) の続き方に制約が加わり、その結果、ある特定の発話連鎖のパターンが生じることもわかっています。

　筒井の研究で類型化された発話の連鎖組織のパターンは30種類にもおよびますが、本書ではそのすべてを紹介することはできません。興味のある方はぜひオリジナル (『雑談の構造分析』筒井, 2012, くろしお出版) に当たってみてください。

　発話の連鎖組織がどのようなものであるかをわかっていただくために、ここでは「会話参加者に関する『事態・属性系』(経験・習慣・能力など) の話題で、質問で開始された場合に生じる連鎖組織」(筒井, 2012, p.348) に分類される3種類のパターンを紹介しておきます。

<連鎖1>	
情報要求 ↓	A：ゴールデンウィーク、何してた？
情報提供 ↓	B：基本、家でゴロゴロかな。
理解	A：あ、そう。

<連鎖2>	
情報要求 ↓	A：夏休み、どっか行く？
情報提供 ↓	B：うん、グァム。
評価	A：いいなぁ、海外かぁ。

<連鎖3>	
情報要求 ↓	A：Bさん、フランス語もできんの？
情報提供(限定的) ↓	B：まあ、学生の頃はちょっとは話せたけど。
評価(=ほめ) ↓	A：へぇ、すごいなあ！ フランス語できるって、かっこいいわぁ。
否定(=謙遜) ↓	B：いやいや「過去の栄光」だって。
受入拒否	A：いや、それでもすごいって！

（筒井, 2012, p.78, p.86, p.93, 会話例は著者が作成）

このように、特定の話題と開始発話の組み合わせには、特徴的な発話連鎖のパターン（開始発話から始まる特定の構造）が存在しているのです。

終結部

「前置き雑談」があることからもわかるように、雑談は、議論や商談などほかのジャンルの談話に発展していくことができる会話です(片岡, 2016)。

特に商談などでは、雑談から本題へ進むときに「それまでの雑談の流れのまま本題に移る」(安田, 2015, p.185) のがよしとされています。

これは裏を返せば、「ここまでが雑談」といったはっきりした境界がないことを意味します。

また、会話が続けられなくなるような外的な事情が発生して、突然雑談を打ち切らなければならなくなることもあります。

例えば、病院の待合室で隣の人と話していたら、診察室から自分の名前が呼ばれたときには、話の途中でも雑談を終わらせなければなりません。

こんなとき、雑談の当事者は結論を期待してはいないため、無理に話をまとめようとしたり、抽象的・一般論的な結論を出したりすることはしません(齋藤, 2010)。

このように、話し合いや議論とは違って「結論」がないことも、雑談の終結部が曖昧になる原因として考えられます。

こうして見ると、雑談の終結部に特定のパターンを見出すのはなかなか難しそうです。

それでも、個々の話題(「話題の展開」で紹介した河内 (2003) の例の「小話談」に相当します) がどのような機能の発話で締めくくられることが多いのかであれば、筒井 (2012) が類型化した連鎖組織のパターンからある程度見えてきます。

筒井が提示した30種類の発話連鎖のパターンを詳しく見てみると、「承認」(そうだった)、「理解」(そうか)、「評価」(すごい)、「納得」(そうだね)、「同意」(うん)、「共感」(そうだよ)、「受け入れ」(うんうん)などの発話機能で終わっています。

　特に「承認」で終わるパターンが10種類と最も多く、次いで「理解＋評価」(4種類)、「評価」(3種類)、「納得」(3種類)となっています。

　ここで注目したいのは、話題を締めくくる発話のほとんどが肯定的・好意的な内容であるということです。

　「承認」「納得」「理解」「同意」「共感」「受け入れ」はすべて、相手にとっては言われてうれしい発話です。

　また、「評価」も、「いいですね」「すごい」などの肯定的な評価なので、相手はポジティブ・フェイスを満たされて、満足します。

　このように終結部に肯定的・好意的な発話が来ることが多い理由は、雑談の目的と関係しています。

　雑談の長期的な目的は「相手との良好な社会的関係を構築・維持すること」です。その目的を達成するためには、肯定的・好意的な発話で話題を締めくくり、次の話題に進むという流れが好まれるわけです。

6　話し方

　私たちは会話をしているとき、言葉が伝達する意味内容だけに基づいて相手のメッセージを解釈しているわけではありません。

　有名な「メラビアンの法則」を持ち出すまでもなく、メッセージの解釈には言語情報、聴覚情報、視覚情報のすべてが活用されています。

　聴覚情報というのは、声の質、抑揚、声の高低、強勢、声量、速度などの音声的な特徴についての情報です。

　視覚情報は、表情や視線、身振りや手振り、相手との物理的な距離や位置関係などについての情報をいいます。

　聴覚情報と視覚情報に基づくコミュニケーションは、「非言語コミュニケーション」と呼ばれています。

　よく「会話で大切なのは、何を言うかではなく、どのように言うかだ」などといわれますが、ここでは「どのように言うか」、つまり雑談をしているときの「話し方」について、言語情報、聴覚情報、視覚情報の観点から、その特徴を考えてみることにしましょう。

言語情報

[スピーチスタイル]

「昼食にラーメンを食べた」という内容を伝えるには、「お昼にラーメンを<u>食べました</u>」とも言えますし、「昼にラーメンを<u>食べた</u>」と言うこともできます。これを、スピーチスタイル（文体）の違いといいます。

日本語のスピーチスタイルには、「丁寧体」（「敬体」「です・ます体」とも呼ばれます）と「普通体」（「常体」「だ・である体」とも呼ばれます）という2つのスタイルがあり、私たちは相手や状況などに応じてこの2つを巧みに使い分けています。

雑談は、目上の人から同輩や目下の人まで、また親しい人から初対面の人まで、あらゆる上下関係、親疎関係の間柄で行われます。

また、友達と居酒屋で飲んでいるときのような私的でインフォーマルな場面から、取引先との商談などのような公的でフォーマルな場面まで、あらゆる状況で行われます。

そのため、雑談では丁寧体が使われることも、普通体が使われることもあります。

丁寧体と普通体のどちらを選択するかが場面や相手との関係に影響されるということは、裏を返すと、どちらのスピーチスタイルで話すかによって、自分が相手との関係をどのように見ているかが伝わるということです。

同年代の人と雑談をするときに丁寧体ばかりを使っていると、相手との心理的な距離はいつまで経っても縮まりません。しかし、それでは「相手とのつながりを強める」という雑談の目的の1つがな

かなか達成できないことになってしまいます。

　そこで、私たちは初めのうちは丁寧体で話している間柄であっても、同年代などでそれほど丁寧に接する必要がない相手の場合には、親しくなると普通体で話すようになるわけです。

　では、丁寧体から普通体への切り替えは、どのようにして行われるのでしょうか。

　昨日まで丁寧体で話していた相手に対して、いきなり今日からは普通体で話すなどということは、まずありません。

　同様に、丁寧体での会話の途中で、会話当事者双方が突然スパッと普通体に切り替えるなんてことも、ありそうにないでしょう。

　それでは、どのようにしているのかというと、相手が失礼に感じないか試しながら、あたかもボクシングのジャブを打つように、小出しにして行われるのです。

次の例を見てください。

> 理工系学部(S)と人文系学部(U)の同学年の女子大学生同士の初対面時の会話(＿＿は普通体使用箇所)
>
> S：でもやっぱりうちの学部でも、もうぜんぜん関係ない人多いですよ。
>
> U：あそうなんですか。
>
> S：もう募集とかも、銀行がほとんどなんですよ。
>
> U：**銀行？** へー
>
> S：そうですね。
>
> U：文系就職みたいですね。
>
> S：そうですね。
> でも中に入ると結局何やってるんでしょう、
>
> U：**うん**
>
> S：**コンピュータとかやってるのかもしれない**。
>
> U：**あーそっか、ふーん**
>
> S：なんか、あのー、ダイレクトメール来るじゃないですか、
>
> U：あーはいはい
>
> S：もう銀行ばっかりですよ、なぜか。{笑い}
>
> U：あそうなんです？
>
> (三牧, 2013, p.119, 一部記号等は省略)

これは、同学年の女子大学生同士で行われた初対面時の会話です。
　大学生くらいの年齢であれば、初対面時の会話の最初から普通体で話すことはまずないでしょう。
　この例でも、2人の女子大学生は、どちらも丁寧体を使って話しています。
　しかし、よく見ると、下線部の発話は普通体になっています。
　最初にUが「銀行？」と普通体を使いますが、Sは「そうですね」と丁寧体を維持しています。
　そのため、そのまま丁寧体が続きますが、しばらくして再びUが「うん」と普通体で返事をすると、今度はSも「コンピュータとかやってるのかもしれない」と普通体で返し、Uも「あーそっか、ふーん」と普通体の発話を続けています。
　しかし、Sが「なんか、あのー、ダイレクトメール来るじゃないですか」と再び丁寧体に戻したので、普通体の発話は終了して、この後の会話は元の丁寧体で続くことになります。
　この例のように、初対面時などで、丁寧体を基調として会話をしているときに、しばしば普通体への一時的な切り替えが見られます。
　こうしたスピーチスタイルの一時的な切り替えは、「スピーチスタイル・シフト」と呼ばれます。
　先ほどお話ししたように、丁寧体から普通体へのスピーチスタイル・シフトは、相手との関係をより親しい関係にするための手立てとして行われるわけですが、相手に同じ気持ちがない場合には、「馴れ馴れしい」「失礼だ」という悪い印象を与えてしまう可能性があります。

そのため、単に小出しにするだけでなく、なるべく失礼だと思われないような内容（機能）の発話からスピーチスタイルを変えるという工夫を行っています。

　78ページの会話例で普通体になっている発話をもう一度見てみてください。

　「銀行？」というのは「驚き」の発話です。また、「コンピュータとかやってるのかもしれない」は「推量」、「あーそっか、ふーん」というのは「納得」の機能を持つ発話です。

　これらはすべて、相手に語りかけるための発話ではなく、独り言のように聞こえる発話なのです。独り言であれば、普通体を使っても相手に失礼だと思われる危険性は低くなります。

　このように、リスクの低い発話からスピーチスタイル・シフトを仕掛けて、相手が乗ってくるかどうか反応を見ながら、徐々にスピーチスタイルを移行しているのです。

[地域方言・社会方言]

　言語学には、社会言語学と呼ばれる分野があります。言葉と社会の関係について研究する学問分野です。

　社会言語学では、言語コミュニティー（例えば、日本語を話す人々の集団）の中の特定の集団のメンバーが共有する言葉を「方言（dialect）」と呼んでいます。

　一般に方言というと、大阪弁や博多弁といった特定の地域に住む人々の集団が共通して話す言葉（「地域方言（regional dialect）」と呼ばれます）を指しますが、社会言語学では、若者言葉や女言葉のように、年齢、

性別、職業などの社会的な条件によって分けられたグループの言葉（「社会方言（social dialect）」と呼ばれます）も方言として扱われます。

こうした方言には、それを使うことによって、同じ方言を共有する集団に所属するメンバーの間でグループ・アイデンティティを確認したり、強化したりする機能があることが指摘されています。

例えば、東京に住んでいる地方出身の人は、東京の友人とは「共通語」で話すけれども、帰省したときに地元の友人とは地元の方言で話すということがよくあります。（私自身も、生まれは東京で、普段は共通語話者ですが、中学時代を福岡県、高校時代を兵庫県で過ごしたため、それぞれの地域の方言を話す人と話しているときには、「共通語」でなくなることがあります。）

これは、相手と同じ方言を使わないと距離感や疎外感が生じてしまうから、つまり、グループ・アイデンティティを損なうからなのです。

社会方言も、グループ・アイデンティティの形成に大きく影響します。

わかりやすい例が「若者言葉」です。

若者言葉の研究者である米川明彦は著書『若者語を科学する』(1998, 明治書院)の中で、若者言葉は「仲間内の言葉」であることを指摘していますが、他の人たちが知らない（使わない）自分たちだけの言葉（仲間内の言葉）を共有しているという事実がグループ・アイデンティティの強化につながるわけです。

同様のことは、職業語や業界言葉などにもいえます。例えば、テレビ業界には、「てっぺん」（午前零時）、「バラす」（解散・撤収する）などの独特な用語がたくさんありますが、こういう用語を使うことに

よって「自分たちは他の人たちとは違う特別な世界に所属している仲間同士だ」ということを確認し合うという効果もあるわけです。

このように、地域方言や社会方言の使用はグループ・アイデンティティ（仲間意識）の形成に大きく貢献しているのですが、ここで思い出していただきたいのが、本章の「3 目的」のところで述べたように、雑談にはグループ・アイデンティティ（仲間意識）を育み、強めるという目的があることです。

人は、同じグループに属する相手に対しては、共感の程度もより強くなる傾向があるので、グループ・アイデンティティを共有していることを確認することは良好な人間関係を構築・維持していく上で非常に大切になってきます。

ということは、相手も自分も使える地域方言や社会方言があるのであれば、そうした方言を使うことによって、雑談がより盛り上がり、お互いに対する共感も高まり、延いては良好な人間関係を作りやすくなるということになります。

地方の中学校や高校の先生が、生徒に対して授業中は共通語、休み時間は地域方言で話すことがあるように、「公的でフォーマルな場面では共通語、私的でインフォーマルな場面では方言」という棲み分けがなされることもよくあります。

休み時間の会話は雑談が中心になると思いますが、こうした私的でインフォーマルな場面で行われる雑談で地域方言や社会方言が頻繁に使われることは理にかなったことなのです。

聴覚情報

　聴覚情報というのは、人の声（音声）に関わる特徴（専門的には「パラ言語的特徴 (paralinguistic features)」と呼ばれます）のことです。

　これには、話しているときの強勢（アクセント）や抑揚（イントネーション）、話す速度（テンポ）、声の高低（トーン）、声量、声の質（猫なで声など）などが含まれます。

　この中で、ハウツー本で取り上げられることが多いものに、トーン、テンポ、声量があります。

　ベストセラーの『超一流の雑談力』（安田正, 2015, 文響社）では、「高い声は、話す人のキャラクターを社交的に感じさせる効果がある」(p.41) として、雑談では高めの声で話すことを勧めています。

　低い声は、話の内容に対する信頼度が高く感じられ、商談や議論などには向いていますが、気軽な会話である雑談ではあまりメリットはないようです。

　また、高い声を出すためには、「テンポよく、リズムよく話す」ことも大切なのだそうです。

ただし、相手の声のトーンや、会話のテンポやリズムとあまりにも違うと、逆効果になってしまうこともあり得ます。

『何を話せばいいのかわからない人のための雑談のルール』(松橋良紀, 2013, 中経出版)では、声の使い方は相手に合わせるのが一番よいと述べられています。

ペースを合わせることでお互いの波長が合い、共感を持たれやすくなるというのがその理由です。これは神経言語プログラミング (Neuro-Linguistic Programming: NLP) という心理療法でいうところの「ペーシング (pacing)」に基づいた提案です。

相手が早口ならこちらもリズムよく、ゆっくり話す相手ならこちらも相手のテンポに合わせてゆっくりと話す。テンションが高い人には、こちらもそれに合わせてテンションを上げて、低いトーンで話す人には、低い声で話すといったように、相手と同じ調子で話すわけです。

音声的な特徴のもう1つの重要な働きは、「コンテクスト化の手がかり (contextualization cues)」となることです (Gumperz, 1982)。

コンテクスト化の手がかりは「相互行為の社会言語学 (interactional sociolinguistics)」という言語学の分野で提唱された概念で、今行われているのがどのような種類の会話であるかを解釈する枠組み (「フレーム (frame)」と呼ばれます) を得るために、会話参加者が利用するさまざまな言語的・非言語的な合図を指します。

そして、その主役がイントネーションなどの韻律、躊躇、ポーズ、速さや音量の違いなどのパラ言語的特徴なのです。

例えば、ビジネスの場面で、前置きの雑談から商談に切り替わる

ときに高い明るめの声から低いシリアスな声に変えたり、反対に商談の途中で雑談にそれるときに元の高い明るめの声に戻ったりすることがあります。

こうした音声的特徴の切り替えによって、「これは雑談だよ」「これは商談だよ」というように、今行っている会話がどのような会話であるかを示す情報（「メタ情報（metainformation）」と呼ばれます）を提供する合図になっているのです。

このように「やりとり上の参与の枠組みとしての談話フレームが変化する」ことを「フレームシフト（frame shift）」といいます（井出, 2008, p.176）。

言語人類学者の井出里咲子は、アメリカのコンビニでの店員と客の会話の分析を通して、店員と客としてのレジでの会計のやりとりから、自己開示による私的要素を含む個人としてのやりとり（つまり、small talk）へとフレームシフトが起きる際に、口調を早めたり（聴覚情報）、ニヤッと笑ったり（視覚情報）することで合図を送り合っていることを明らかにしています。

視覚情報

視覚情報というと、話しているときの表情や視線、身振りや手振りなどの「ボディランゲージ」を思い浮かべる人が多いかもしれません。しかし、ここでいう視覚情報には、姿勢や服装、相手との物理的な距離や位置の取り方なども含まれます。

「ニヤッと笑う」ことがビジネス上の会話から雑談へのフレームシフトを生じさせたように（井出, 2008）、視覚情報も雑談の重要な要

素です。

[表情・視線]

ここで質問です。初対面で印象がよいのはどんな人ですか。

ハウツー本『あたりまえだけどなかなかできない 雑談のルール』(松橋良紀, 2010, 明日香出版社, p.82)によると、この質問に対する回答のほとんどは、「笑顔で話してくれる人」なのだそうです。

笑顔には「敵対心の緩和」「緊張をほぐす」「喜びをアピール」「親近感を抱かせる」(箱田, 2008a, p.39) などの心理的効果があるからでしょう。

雑談の主な目的は相手とのラポールを生み出すことですから、やはり「笑顔」で話すのがよいのです。(もちろん、悲しい話やつらい話をしているときは別だと思いますが。)

また、会話をしているときの視線の配り方 (アイコンタクト) も大切です。

恥ずかしいのであまり相手の目を見ないで話すという人も多いかもしれませんが、実は視線にはさまざまな相互行為上の機能があるのです。

例えば、イギリスの非言語コミュニケーションの専門家アダム・ケンドンは、視線には「情報収集機能 (monitoring function)」「感情表出機能 (expessive function)」「調整機能 (regulatory function)」という3つの機能があるとしています (Kendon, 1967)。

まず、相手を見ることで、相手の表情や姿勢などの情報を自分の発話に対するフィードバックとして入手することができます (情報収

集機能)。

　鋭く見つめることによって発話のメッセージを強めたり、感情や態度を表したりすることもできます(感情表出機能)。

　また、自分の発話が終わるタイミングで相手に視線をやることにより、「今度はそちらが話す番ですよ」と話し手と聞き手の役割交代を促すこともできるのです(調整機能)。

　視線の機能はそれだけではありません。もっと大切な働きもあります。

　それは、視線によって相手に注意を向けていることや、意思疎通の希望があることを示せることです。

　相手の目を見て話すことによって、誠実さや相手に対する関心の高さを伝えることができますし、聞き手の立場にいるときには、相手の目を見ることは「ちゃんと話を聞いている」というアピールにもなるのです。

　まさに「目は口ほどに物を言う」のです。

ちなみに、こうした凝視の頻度や持続時間には文化差があることもわかっています。

南米、南欧、アラブの人々は、北欧やアジアの人々よりも相手の目を凝視する傾向があります (Watson, 1970)。私たち日本人は、アジアの中でも特に「目を見て話さない」傾向が強いようです。

そのため、いくら視線が大事だといっても、じーっと見つめられすぎると相手は居心地が悪くなるでしょうから、あまり目に力を入れすぎないことも大切なのかもしれません (安田, 2015)。

[身振り・手振り]

私たちが会話をするときに、身振りや手振りをまったく交えないで話すということはまずありません。

映画などを見ていると、軍人が上官に報告しているときなどには、「気をつけ」の姿勢のまま直立不動で話すことがあるようですが、これは例外です。

試しに、喫茶店などで周囲のテーブルの人が会話をしているところを、身振り・手振りに集中してこっそり観察してみてください。きっとどれだけたくさん動いているかわかっていただけると思います。

会話は言葉によるコミュニケーションですが、電話の会話などを除いた相手が見える対面の会話では、身振りや手振りによってさまざまな形で補完されているのです。

コミュニケーションにおける身振り・手振りは、その表出方法によって次の5つのタイプに分類できます。

表象 (エンブレム)	言葉の代わりにその意味を直接的に示す動作 (例:親指と人差し指を丸めて「お金」を表す)
例示的動作	発話している内容の説明を支援したり強調する動作 (例:「こんなに大きい」と言いながら、両手を広げて「大きさ」を示す)
調整的動作	目や言葉の合図と同時に行い、会話の流れ(開始、続行、中断、終了、再開)や発話権の維持・譲渡などの合図を示す動作 (例:発話権を譲りたい相手を見て大きくうなずく)
感情表出	喜び・怒り・驚き・悲しみなどの感情を示す動作 (例:うれしいことがあって思わずガッツポーズ)
適応的動作	場面に適応する防衛反応として、無意識にする動作 (例:不安を感じたときに、頭を掻いたり、貧乏ゆすりをする)

(リッチモンド&マクロスキー(2006, pp.56-62)をもとに作成)

くだけた会話である雑談では、身振りや手振りが活用されることが多く、雑談上手な人は雑談を盛り上げたり、相手の共感の気持ちを高めるために、「例示的動作」や「感情表出」を上手に利用しています。

また、身振り・手振りは、相手の話を聞いているときにフィードバックのメッセージを伝えるためにも使われます。

驚きを示すために「のけぞる」、興味を示すために「のり出す」などが典型的な例ですが(渡瀬,2016)、大阪の人なら、驚きや呆れた気持ちを示すために「こける」というパターンもあるかもしれません。

身振り・手振りの上級編として、「相手の動作を模倣する」というテクニックを紹介しているハウツー本(箱田, 2008a)もあります。
　なぜ会話中に相手の動作を真似るとよいのかというと、人は模倣を尊敬や好意を表現したものと認識するため、自分の仕草を真似る人を仲間と捉え、安心感を持つ傾向があるからです。
　これは心理学では「ミラーリング効果 (mirroring effect)」と呼ばれており、相手の共感を呼び起こすテクニックとして、営業職のセールス・トークなどにも活用されていますが、雑談においても相手をリラックスさせ、話しやすい心理状態にしてくれる効果が期待できるようです(箱田, 2008a, 2008b)。

[距離・位置関係]

私たちは相手との人間関係や場面の公私の程度、話の内容などによって、会話をしているときの相手との物理的な距離の取り方を調整しています。

アメリカの人類学者エドワード・ホールは、会話中の対人距離を以下の4種類に分類しました (Hall, 1966)。

密接距離 0〜45cm	相手の存在が明確で、密度の高い接触が可能。秘密事やより私的な話題が中心。
個体距離 45〜120cm	相手の表情がよくわかり、比較的用意に接触可能。私的、個人的話題が中心。
社会距離 120〜360cm	公的で形式ばっていて、努力なしには接触不可能。半個人的・半公的。仕事上の話題が中心。
公衆距離 360〜750cm	相手との私的な関与は少なく、公衆に呼びかけるタイプの接触。公的話題、講義、演説。

(桝本 (2000, p.90) をもとに作成)

この4つの中で、雑談に最も適した距離は「個体距離」です。

相手の表情がよくわかり、場合によっては相手に触れることもできる距離で、私的、個人的会話をするのに適した距離ですから、まさに雑談をするための距離といえます。

ただし、対人距離にも文化差が存在し、日本人は欧米人よりも距離を長く取る傾向があります。ホールの研究は北米の中流階級の白人を対象としたものです。

雑談をするときに、日本人はもう少し（短くても50〜60センチくらい）距離を取っているのではないかと思います。（一度友人や同僚と雑談をしているときに、心地よいと感じる相手との距離を測ってみてください。）

　会話をするときには会話参加者間の直線距離だけでなく、位置関係も重要です。

　下の図を見てください。あなたなら「授業の前に数分間友達とおしゃべりをするとき」にどの座り方を選びますか。

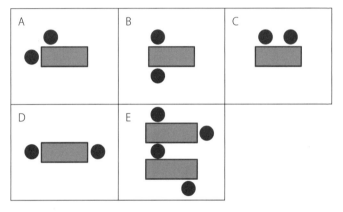

（Cock (1970) をもとに作成）

　おそらくL字型に座るAを選んだ人が多いのではないでしょうか。

　ある研究 (Cook, 1970) では、対面で座るB (29%) よりもL字型に座るA (51%) のほうが好まれたそうです。

　授業前だけでなく、喫茶店などで雑談をするときにも、正面同士に座るよりも、テーブルの角にL字型に座るほうが好まれます。

その理由は、正面だと距離が近く圧迫感が感じられ、また、お互いの一挙手一投足に敏感になって、緊張感が生まれやすいのに対して、斜めだと距離が適度に開き、視界が開け圧迫されず、リラックスして会話が弾むからです（箱田, 2008a）。

　雑談を盛り上げるためには、雑談に適した座り方（位置関係）にも注意をしたほうがよいということです。

その④
「『メラビアンの法則』、誤解してませんか」

　本編で触れた「メラビアンの法則」。別名を「7-38-55のルール」といいます。

　この「7-38-55」という数字は、人がメッセージを解釈するときに頼る割合が「言語情報7％、聴覚情報38％、視覚情報55％」であることからきています。

　ところが、この数字だけが一人歩きをしてしまって、「話の内容は7％しか相手に伝わらない」とか、「話す内容よりも、声のよさや見た目が大切だ」といったことが、まことしやかにささやかれています。

　ハウツー本の中にも、次のような記述が見られます。

「こうした要素によって、相手とのコミュニケーションが取れるかどうかが決まってしまう、と言うのです。なかでも驚かされるのは、何と話の内容がたったの7％にしかすぎないことです。話がうまいヘタは、実はその93％までもが、話し方やボディランゲージといった非言語行動の部分によって決まってしまうということなのです。」

（箱田, 2008b, pp.190-191）

しかし、これは大きな誤解です。

「メラビアンの法則」は、アメリカの心理学者アルバート・メラビアン（「マレービアン」と呼ぶ人もいます）が行った2つの実験の結果に基づいているのですが、実はこの実験は、雑談などの「会話」を対象としたものではないのです。

1つ目の実験 (Mehrabian & Ferris, 1967) は、"maybe"（たぶん）という単語を「好意」「中立」「嫌悪」の3種類の態度を表す声の調子で録音し、そのそれぞれを「好意」「中立」「嫌悪」の3種類の態度を表情で表した顔写真を見せながら被験者に聞かせて、どのような印象を抱いたかを調査したものです。

例えば、「好意」の表情の顔写真を見ながら、「嫌悪」の声の調子で"maybe"と聞いたときに、どう感じるかを調べたわけです。

結果は、表情（視覚情報）のほうが声の調子（聴覚情報）よりも重視されるというものでした。

2つ目の実験 (Mehrabian & Wiener, 1967) では、単語（言語情報）も「好意」「中立」「嫌悪」の3種類を表すものに増やしました。「好意」は"honey"（あなた）、"thanks"（ありがとう）、"dear"（あなた）の3つ、「中立」は"maybe"（たぶん）、"really"（ほんとう）、"oh"（えっ）の3つ、「嫌悪」は"don't"（やめて）、"brute"（人でなし）、"terrible"（ひどい）の3つです。

この9つの単語を「好意」「中立」「嫌悪」の3種類の態度

を表す調子で録音した音声を被験者に聞かせて、どのような印象を抱いたかを調査したところ、声の調子（聴覚情報）のほうが単語の意味（言語情報）よりも重視されるという結果になりました。

メラビアンは、この2つの実験の結果から、「言語情報7％、聴覚情報38％、視覚情報55％」という数字を導いているのですが、ご覧の通り「言語情報」というのはたった1つの単語が伝える意味内容です。

しかも、この実験で調査された伝達されるメッセージは「論理的な意味」ではなく、単なる「態度（感情）」なのです。

メラビアンの実験から言えることは、「好意や嫌悪などの態度（感情）の伝達において、どちらとも取れるような曖昧なメッセージが送られた場合には、受け手は言語情報（単語の意味）よりも視覚情報（表情）や聴覚情報（声の調子）を重視する」ということでしかありません。

怖い人に絡まれて、「俺は空手五段なんだぞ」と怯えた顔をしながら震える声で言ったとしても、おそらく信じてはもらえないでしょう。

このようにメラビアンの法則が当てはまることも多いため、安易に拡大解釈をしてしまいがちなのだと思いますが、この法則はそもそも会話におけるメッセージの伝達を対象としたものではないことに注意が必要です。

7　聞き方

　これまで、本書では基本的に「話し手」に焦点を当ててきました。第2章末 (26ページ) でまとめた雑談の定義でも、「テーマも決めず、いろいろな話題のたわいもない内容を気楽に話すこと」としていました。

　しかし、雑談をはじめ、会話は2人以上で行うものです。誰かが話しているときには、それ以外の人は「聞き手」になっています。

　それならば、雑談を構成する要素として、「聞き手」の役割についても考えなければならないでしょう。

　「雑談をしかけるときの基本は『聞くこと』です。けっして『自分の話をすること』ではありません。」これは『一流の人はなぜそこまで、雑談にこだわるのか？』(小川晋平・俣野成敏, 2015, クロスメディア・パブリッシング, p.83) の一節です。

　「雑談とは、話すことではなく、聞くこと」とは、なにやら禅問答のようですが、実際に多くのハウツー本が、雑談を成功させるには「話す」よりも「聞く」ほうが重要だと述べています。

　一瞬狐につままれたような気がしますが、雑談の目的を考えれば腑に落ちるはずです。

　雑談の長期的目的を思い出してください。「相手との良好な社会的関係を構築したり、維持したりすること」でしたよね。

　誰かと良好な関係を保つためには、お互いに相手に対して好意や信頼感や連帯感を持っていなければなりません。

　では、人はどのような人に対して好意や信頼感や連帯感を抱くの

でしょうか。そうです。自分を大切にしてくれる人、いい気持ちにしてくれる人、幸せな気分にしてくれる人に対してです。

　それならば、「相手との良好な社会的関係を構築したり、維持したりする」という雑談の目的を達成するためには、雑談を通して相手をいい気持ち、幸せな気分にすることが近道です。

　そのためには、「聞き上手」になる必要があるのです。

　なぜなら、「人は、自分の好きなこと、興味・関心のあることを話している時が一番幸せ」で、「人の話を聞くよりも、自分の話を聞いてもらう方が好き」(神岡, 2014, p.56) だからです。

　要するに、人は「たくさんしゃべらせてくれた相手に対して、好意を寄せる」(渡瀬, 2016, p.28) のです。

　ということは、雑談においては、「相手にどれだけしゃべらせるか」を意識することで、相手からの好感度はずいぶん変わるということなのです (渡瀬, 2010)。

　では、2人で雑談をしているとき、相手と自分の話す量の理想的な配分はどれくらいなのでしょうか。

　実はこれ、ハウツー本によって答えがバラバラで、「相手70％：自分30％」(松橋, 2010; 小川・俣野, 2015)、「相手80％：自分20％」(齋藤, 2010)、「相手90％：自分10％」(石井, 2015; 渡瀬, 2016) などとなっています。

　この割合はそれぞれの著者の経験則から導き出されたものでしょうから、一概にどれが正しいとはいえないでしょう。

　しかし、自分よりも相手にたくさん話させるという点については共通していますから、雑談では自分が話すよりも相手にしゃべって

もらうことが重要で、「雑談を支えるのは聞き方の技術」(松橋, 2013, p.127) であることだけは間違いなさそうです。

　なお、松橋 (2010) の「相手70％：自分30％」という主張は、同一人物の話す割合が33％、50％、67％である3種類のビデオ映像を被験者に見せて話し手の魅力を15段階で評価してもらった結果、33％、50％、67％の順で点数が高かったというウェルズリー大学の実験を根拠にしているようです。

　しかし、話す割合を20％や10％にした実験はしていないので、「相手70％：自分30％」が「相手80％：自分20％」や「相手90％：自分10％」よりも理想的なのかはわかりません。

　この研究結果からいえることは、話し手になるより聞き手になるほうがよい印象を与えられるということだけです。

　「雑談を支えるのは聞き方の技術」であると言いましたが、相手にどんどん話してもらえるような「聞き上手」になるための技術としては、質問と相づちのしかたが重要です。

質問

「5 構造」(68ページ)でも紹介したように、雑談を切り出す発話の1つに〈質問〉があります。また、雑談を展開していくためにも、質問は有効な道具になります。

筒井 (2012) は、雑談で行われる質問を「情報要求」「意見要求」「語り要求」「想起要求」「前提の確認要求」の5種類に分類しています。

情報要求	「今何年目？　始めてから」 (相手が教師の仕事を始めて何年経つかという情報を要求)
意見要求	「でも今からさあ、子どもに還りたい？」 (主人公が子どもに還っていく映画について話した後で、相手自身の考えを要求)
語り要求	「そいえばなんかタマが脱走しちゃったらしいじゃないの」 (相手の飼い猫が逃げたことの詳細を語るよう要求)
想起要求	「最終発表の後やった？」 (共通の経験である送別会の場所を話した後で時期を想起するよう要求)
前提の確認要求	「ないよなあ」 (飲み会をしたいという話し手の願望の前提として、飲み会がないことを確認)

(筒井 (2012) をもとに作成、例もすべて筒井 (2012) からの引用)

このように、一口に「質問」といっても、その後に相手に何を語らせたいのかによって、さまざまな種類があるわけです。

質問をされると、相手はその質問に答えなければなりません。そのため、質問は雑談を続けるための効果的な道具となります。

　それだけではありません。質問された相手はその質問に対する答えを考えます。これは、質問によって相手の思考を縛ることができるということでもあります。

　つまり、上記のようなさまざまな種類の質問を巧みにし続けることによって、雑談をうまく続けていくとともに、場合によっては、相手にしゃべらせながら自分が話題をコントロールしていくこともできるということです。

　「質問」には、もう1つ大切な働きがあります。それは、相手に関することを質問することによって、相手に興味や関心を持っていることを示すことができるということです。

　人は自分に興味や関心を持ってくれる人に好意を抱くため、質問によって相手との心理的距離を近づける効果も期待できるのです。

　こうしたことから、ハウツー本の多くが上手な質問のしかたの解説にかなりのページを割いています。

　ここでは、「雑談を続けるため」の質問のしかたと「心理的距離を近づけるため」の質問のしかたに分けて、ハウツー本が説く質問のテクニックをまとめてみます。

(a)「雑談を続けるため」の質問

雑談を続けるための基本は、「発話を質問で終わる」ことです（松橋, 2010）。

それは、「質問」の発話の後には必ず「回答」の発話をしなければならないという会話の規則があるからです。

この「質問―回答」という発話のペアは、専門的には「隣接ペア (adjacency pair)」と呼ばれる会話構造の単位の1つです (Schegloff & Sacks, 1973)。

隣接ペアと呼ばれる所以（ゆえん）は、会話の中で「質問」と「回答」の発話が連続して（隣接して）行われるためです。（他にも「挨拶―挨拶」「依頼―受諾」「苦情―謝罪」などさまざまな隣接ペアがあります。）

このように「質問―回答」という発話のペアは会話の基本単位であるため、自分の発話が質問で終わる限り、相手は答えるために何か話さなければなりません。そのため、途切れずに会話を続けることができるのです。

次の「発話を質問で終わらない場合」と「発話を質問で終わる場合」の例を比べてみてください。どちらのほうが盛り上がった雑談になっているか、一目瞭然ですね。

＜質問で終わらない場合＞
A：このワイン、おいしいですよ！
B：そうですね。
A：すごく香りがよくて、好みの味です。
B：そうなんですか。
A：ええ。
B：……。

＜質問で終わる場合＞
A：このワイン、おいしい！　どうですか？
B：ああ、本当だ。いいですね。
A：すごくいい香りだけど、何て言ったらいいんですかね？
B：うーん、そうですねえ、「華やかな香り」とか？
A：そうそう。私はこういうのが好きなんですけど、Bさんはどんなタイプのワインが好きなんですか？
B：そうですねえ…、こういうワインもいいけど、私はもう少し重めの、いわゆるフルボディってやつですかね。

雑談を続けるためには、「相手が答えやすいように質問する」ことも大切です。
　具体的なテクニックとしては、

> ・質問は一度に1つずつする
> ・相手が知っていそうなことから質問する
> ・クローズド・クエスチョンから始める

などが挙げられます。

[質問は一度に1つずつする]
　雑談では会話のテンポが大切です。打てば響くようにポンポンと発話が続くと、会話が盛り上がるからです。
　そのためには、「一問一答」形式で話し手と聞き手の役割を交代していくのが理想です。(ただし、一方の会話参加者がまとまった内容をしばらくの間話し続ける「語り」の部分はこの限りではありません。「語り」では後述する「相づち」がテンポをキープする役目を果たします。)

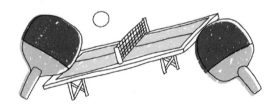

また、先ほど述べたように、質問することによって相手の思考を縛り、雑談の主導権を握ることができるのに、一度に複数の質問をしてしまうと相手に選択権を与え、主導権を渡すことになってしまうというデメリットもあります(小川・俣野, 2015)。
　次の会話を見てください。

> A：昨日、合コンだったんだっけ？
> B：うん、そうだよ。
> A：どんなお店だった？　料理はおいしかった？　あっ、で、素敵な人はいた？
> B：料理は結構よかったよ。先月オープンしたばかりの肉バルだったんだ。そういえば、Aちゃんも先週肉バル行ったって言ってたよね。それ、どこのお店？

　Aさんは聞きたいことがたくさんあったので、一度に3つの質問をしてしまっています。
　実は一番知りたかったのは最後に聞いた「素敵な人がいたか」ということだったのに、同時に他の質問もしてしまったために、相手(Bさん)にどの質問に回答するかの選択権を与えてしまっています。
　その結果、一番知りたかった質問に答えてもらえないまま、相手に主導権を握られ、次の話題に進まれてしまいました。

[相手が知っていそうなことから質問する]

当たり前のことですが、知らないことや詳しくないことを聞かれても、相手は答えようがありません。

ですから、相手に話してもらうためには、相手が知っていそうなこと、相手が詳しそうなことを質問する必要があります（渡瀬, 2016）。

相手が知っていそうなことの代表は、相手の身近なことです。

プライベートなことを話してくれたら共通点も見つけやすくなるので、相手のプライベートについて質問したいところです。

54ページで紹介した共感ゾーンに入りやすい話題を見ても、出身地、出身校、家族構成、年代、趣味、体験、悩み、信念、尊敬する人など、プライベートに関するものが大多数を占めています。

しかし、いくら相手に関する質問は相手への興味や関心の表れだとはいっても、いきなりプライベートに関することを聞かれたら誰だって警戒心を抱くでしょう。

また、いくら相手にたくさん話させたほうが雑談は盛り上がるとは言っても、自分のことはまったく話さないで相手のことばかり聞いていては、雑談ではなく「インタビュー」、いや下手をしたら「尋問」になってしまいます。

　そういうときには、「私、出身は福岡なんですけど、～さんはどちらのご出身ですか？」というふうに、自分のことを先に話してから相手に聞くようにすると、相手も話してくれやすくなります。

　自分自身について、「個人的な情報や経験、またその時々の自分の考えや気持ち」（井出, 2008, p.176）を語ることを「自己開示（self-disclose）」といいますが、自己開示には心理学でいう「返報性の原理（the norm of reciprocity）」（他人から何かをしてもらうとお返しをしなければいけないという心理状態になること）が働くからです（松橋, 2010）。

　まずこちらが自己開示をしてから、相手にも同じレベルの自己開示をお願いするという流れであれば、スムーズに質問ができるはずです。

［クローズド・クエスチョンから始める］

　雑談、特にそれほど親しくない相手との雑談は、クローズド・クエスチョンで始めて、オープン・クエスチョンに移行するとスムーズに進むといわれています（箱田, 2008a; 松橋, 2010; 小川・俣野, 2015）。

　「クローズド・クエスチョン」とは「はい」か「いいえ」で答えられる質問のことを指し、「オープン・クエスチョン」とは相手が自由に答えられる質問のことをいいます。

　クローズド・クエスチョンは質問に答えるための相手の負担が小

さいので、特に相手が無口な人だったり、初対面の人だったりした場合に有効です (小川・俣野, 2015)。

　また、「自分の知りたいことを聞きたいときや、自分の意図するポイントへ相手を誘導したいとき」にも使えます (松橋, 2010, p.195)。

　会話のキャッチボールがある程度進んで、そろそろ相手がいろいろなことを話してくれるかなと思えるような段階にきたら、また、相手の興味がある話題になって積極的に話し始めてくれたら、オープン・クエスチョンの出番です (小川・俣野, 2015)。

　つまり、クローズド・クエスチョンで会話のきっかけをつくり、オープン・クエスチョンで会話を広げていくわけです (箱田, 2008a)。

　オープン・クエスチョンでは、5W1H (When (いつ)、Where (どこで)、Who (誰が)、What (何を)、How (どのように)、Why (なぜ)) を駆使して相手に話してもらえるように質問をしていきます。

　しかし、「なぜですか」という質問は、単に事実情報を答えればよいわけではないため、相手に余計な認知的な負担がかかり、会話の流れが止まってしまう可能性があります。また「なぜ」ということばそのものに威圧感があることから、雑談ではあまりしないほうがよいという意見もあるようです (安田, 2015; 櫻井, 2016)。

(b)「心理的距離を近づけるため」の質問

次は、「心理的距離を近づけるため」の質問です。

心理的距離を近づけるためには、相手の自己充足感を満たすことや相手と自分の間で共感を深めることができるような質問をすることが大切です。

[相手の感情・感想・意見についての質問]

相手の自己充足感を満たすためには、相手が知っていること・詳しいこと（客観的情報）を質問することも大切ですが、それよりも相手の感情・感想・意見（主観的情報）について聞いたほうが、「あなたのことが知りたい！」というメッセージをより強く伝えることができます。

それにより、さらに相手の自己開示が進み、共有知識が増え、また共通点も見つかりやすくなり、結果として心理的距離もより近くなります。

[アンカリング]

以前に何度か雑談をしたことがある相手の場合、前に相手が気持ちよく話した話題を振るように質問するというテクニックがあります。

例えば、前回の打ち合わせで、息子の自慢話をさんざん聞かされた取引先の部長さんがいるとします。

その部長さんを再訪問したときには、こちらから「息子さんはお元気ですか？」と切り出すのです。すると、相手の部長さんは、前

回あなたと話したことを子どもの自慢をした喜びとともに思い出し、いい気分になり、話が弾むのだそうです (箱田, 2008a)。

これは、NLP (神経言語プログラミング) で使われる「アンカリング」というテクニックを雑談に応用したものです。

アンカリングとは、特定の体験に対して感覚的な刺激を条件づけすることにより、その体験をしたときの精神状態を容易に引き出せるようにするメソッドです。昔つき合っていた人とよく一緒に聴いていた曲が突然流れてきて、その頃のことを思い出し、胸がキュンとなることがありますよね。あれと同じメカニズムを人為的に生じさせるわけです。

「雑コラム③」(65ページ) で紹介したように、美容師さんが前回来店したときに盛り上がった話題を覚えていて、さりげなくその話題を持ち出すのも、このアンカリングの効果を無意識に理解しているからなのでしょう。

また、『いつ、誰が相手でも必ず盛り上がる　銀座の雑談手帳』(日高利美, 2013, クロスメディア・パブリッシング) が「前に会ったときに出た話題」を話すことを雑談のコツとして提案しているところを見ると、銀座の一流クラブのホステスさんもアンカリングを上手に活用していると思われます。

相手が以前に気持ちよく話した話題を覚えていて、再び取り上げることのメリットは、相手に気持ちいい精神状態を再度体験させるというアンカリングの効果だけではありません。

以前に自分が話したことを覚えていてくれたという事実が、相手のポジティブ・フェイス (他人から認められたい、好かれたいという欲求) を

満足させ、あなたに対して好感を抱くことにつながります。

なお、相手の気分をよくして、大いに話してもらえる3大話題は、「苦労話」と「自慢話」と「感動したこと」で、特に目上の相手と雑談するときには、「苦労話」や「自慢話」を引き出すような質問が有効なのだそうです(松橋, 2010)。

「苦労話」も「自慢話」も「感動したこと」も、すべて「体験談」です。

言語学者の定延利之がいうように、私たちは自分の体験を語りたいという「煩悩」を持っていて、「自分の体験を少しでも面白いものに仕立て上げ、会話の中でさまざまなスキを衝き、あの手この手で機会をとらえて人に語って聞かせようとする」(定延, 2016, p.161)のですから、こちらからそうした体験談を披露しやすくしてあげれば、感謝されることは間違いありません。

[知らない話題・興味のない話題]

質問は、自分が知らない話題や興味のない話題になったときにも、役に立ちます。

初対面で共通点を探しているときに、相手はよく知っていて自分は知らない話題になったりすることがあります。

こうしたときにあからさまに興味がない顔をしたり、すぐに話題を変えたりすると、相手はあなたとの間に距離を感じたり、気分を害したりするかもしれません。

そうかといって、相手に話を合わせようとして知ったかぶりをするのも、後でばれたときに不誠実な人間だという印象を与えかねま

せん。

　このようなときには、相手に教えを請うという態度で、質問をするのが効果的です(松橋, 2010, 2013)。

　相手が得意なことや、よく知っていることについて教えてもらう質問を続けることで、気持ちよくしゃべってもらうことができ、相手は自己充足感を感じられます。

　また、こうした質問は、相手の話に関心があることや相手の経験や知識に対する感心を示すことにもなるため、相手のポジティブ・フェイスを満たし、共感を深めることもできます。

　質問で話題を振って、後は聞いているだけでよいので、考えようによっては苦労せずに雑談が続けられるともいえます。

その⑤
「クリーニング屋のおばさん vs. フレンチレストランのオーナーシェフ」

　人は会えば会うほど相手に好意を抱くようになる。これは、心理学で「単純接触効果 (mere exposure effect)」と呼ばれています。

　たしかに、私たちは頻繁に会う人に対して親近感を感じる傾向がありますが、単に顔を合わせる頻度が高いだけの相手よりも、会う回数自体は少なくても雑談で楽しく盛り上がったことがある相手に対してのほうが、より好意や親近感を持つのではないでしょうか。

　私は月に2〜3回近所のクリーニング屋さんに行きます。クリーニング屋のおばさんは私の顔を覚えてくれていて、いつも愛想よく雑談を仕掛けてくるのですが、なぜか話題は「気候」に関することばかりです。

「今日は晴れるかと思ってたら、なんか中途半端な天気よね」
「いやぁ、ほんとそうですね。僕なんてこんな真夏みたいなかっこで出てきちゃったから、ちょっと寒いですよ」
「今年は夏もずっと変な天気だったし、ほんといやになっちゃう。…はい、3,260円です」

クリーニングの受付をしてもらっている間、毎回こんな感じの会話をしているだけなので、これ以上おばさんと仲良くなることはありません。

　私のほうはちょっと「自己開示」にトライしていますが（「僕なんてこんな真夏みたいなかっこで出てきちゃったから、ちょっと寒いですよ」）、おばさんはそれに応じる気配もなく、なかなか「気候」以外の話題に発展していかないからです。

　一方、これまた自宅からそう遠くないところにお気に入りのフレンチ・レストランがあります。「食べログ」の口コミで4点以上とっている「名店」です。

　私はこのレストランのカウンター席が好きなのですが、その理由は目の前で美味しそうな料理が次々と手際よく作られていく様子を眺められるから、そしてオーナーシェフと楽しくおしゃべりできるからです。

　真剣な表情で調理に集中している若くてイケメンのオーナーシェフは、まさに「職人」といった雰囲気なのですが、カウンター越しに料理を食べている私たちの様子にもちゃんと気を配ってくれていて、私が連れと「あれ、この食材なんだろうね」なんて話していると「それは生のプルーンですよ。この時期しか入ってこないんですけど」と、料理を作る手を休めることなくすっと会話に入ってきます。（「ながら雑談」ですね！）

夜も更け、お客さんの数も少なくなってくると、いよいよ「雑談タイム」です。相変わらず手は動かしながらですが、飲食業界ネタ（「日本の農産物の一番いいものは正当な価格で買ってくれる外国に流出してしまう話」「飲食店は1年のうち9月が一番売れ行きが悪く、単月では赤字になることもある話」「不景気な時期ほど、個人経営の飲食店の新規開店ラッシュになる話」）などの興味深い話をしてくれます。

　それだけでも十分に楽しめるのですが、このシェフ、そうした一般論的で当たり障りのない話にとどまらず、普段の生活（1日のスケジュールや質素な食事など）の話やご両親や自身の育ちの話から、お店のバックヤードの秘密や経営の苦労話（開店資金の借入金額も！）まで、これお客さんに話しちゃっても大丈夫なのかなといったレベルの「自己開示」をしてくれたりするのです。

　そうすると、「返報性の原理」が働いて、こちらもついつい「自己開示全開モード」になってしまって、あれこれと自分の話をしていたりします。

　実は、このレストラン、「お気に入り」とは言ったものの、まだ5、6回しか行っていないのですが、こうした「自己開示の応酬」のせいで、シェフにもお店にも親近感を強く感じています。（だからこその「お気に入り」です。）

　そして、その親近感たるや、これまでに何十回も顔を合わせて天気の話をしているクリーニング屋のおばさんに対する親近感よりも、はるかにはるかに強いのです。

「美味しい料理とお酒に舌鼓を打ちながらする雑談ほど楽しいものはない」という点を差し引いても、お互いの心理的距離を縮める効果は「会った回数＜自己開示の深さ」であることは間違いないでしょう。

　「単純接触効果 (mere exposure effect)」よりも、「雑談自己開示効果 (more self-disclose effect)」（私が勝手につけた名前です、笑）のほうがずっと大きいのです。

相づち

「聞いているだけでよい」と書きましたが、雑談をうまく運ぶためには、ただ聞いているだけでなく、相手の話に対するリアクションが大事です。

齋藤孝は『雑談力が上がる話し方―30秒でうちとける会話のルール―』(2010, ダイヤモンド社)の中で、「大阪人の雑談がハイレベルな理由のひとつに挙げられるのが、東京人にはない『リアクション文化』です」(p.146) と述べています。

大阪人ほどハイレベルなリアクションは難しいにしても、最低限「ちゃんと聞いているよ」というメッセージを相手に伝える必要があるでしょう。

そうした目的で、積極的に傾聴する視線や態度を示すコミュニケーション技法を「アクティブ・リスニング (active listening)」といいます (Rogers & Farson, 1957)。

中でも効果的なのが、「相づち」です。

相づちとは、「話し手が発話権を行使している間に、聞き手が話し手から送られた情報を共有したことを伝える表現」(堀口, 1997, p.42) のことで、「促進型」の相槌と「完結型」の相づちがあります (今石, 1992)。

「促進型」は、ひとまとまりの情報が伝わる途中で打たれ、聞き手が話し手の発話内容を理解していることを表すだけで、自己の態度を表明しない相づちです。話し手の発話を促すことから「促進型」と呼ばれています。

一方、「完結型」は、ひとまとまりの情報が伝わった後に打たれ、

発話内容に対する聞き手の態度表明をする相づちです。発話内容に区切りをつけることから「完結型」と呼ばれています。

A：昨日、山田とさ、

B：**うん** 〈促進型〉

A：ひさしぶりに飲みに行ってさ、

B：**うんうん** 〈促進型〉

A：そしたらさ、あいつ財布持ってきてねえでやんの。

B：**マジか？！** 〈完結型〉

A：あれ、絶対ワザとだね、あいつケチだから。

B：**だよな！** 〈完結型〉

ハウツー本の中には、相づちをさらに細かく分類しているものも見られます。例えば、『マンガでわかる！雑談力―トレーニングで話はうまくなる―』(櫻井弘, 2016) では、以下の6つに分けています。

同意	「そうですね」「同感です」
共感	「わかります」「ご心配だったでしょう」
承認・賞賛	「面白いですね」「すごい」
促進	「それからどうなったんですか？」
転換	「ところで〜」「そういえば〜」
整理	「つまり」「要するに」

(櫻井, 2016, p.55)

以上のうち、「同意」「共感」「承認・賞賛」の3つが、今石 (1992) の「完結型」に相当します。

「転換」と「整理」は相手から発話権を奪うことになるため、正確に言えば相づちではありませんが、雑談を続けていくリアクションの技術として捉えて、同列に扱っているのでしょう。

雑談は相手とのつながりや共感を深める会話であって、異なる意見を闘わせる場ではないので、自己の態度を表明する完結型の相づちは、相手に賛同する「同意」「共感」「承認・賞賛」が基本です。

否定の相づちは相手との共感を絶ち、会話の流れも止めてしまうので、雑談ではできるだけ使わないようにするべきなのです。

ハウツー本では、特に「承認・賞賛」することの大切さを説くものが多く、相づちを直接的で大げさにすることを推奨しているものが目立ちます。

　驚きが大きいほど、その話をした相手の満足感が深くなるからです（神岡, 2014）。

　例えば、『一流の人はなぜそこまで、雑談にこだわるのか?』（小川晋平・俣野成敏, 2015, クロスメディア・パブリッシング）では、ビジネスにおける「戦略的雑談」のリアクションの基本は「サ行の相づち」だとして、以下のような例を紹介しています。

さ	「さすがですね！」 「最高じゃないですか！」
し	「知りませんでした！」 「しびれますね！」
す	「すごいですね！」「素晴らしい！」 「素敵です！」「スケール大きい！」
せ	「センスいいですね！」 「世界が違うなあ！」
そ	「そうだったんですか！」

（小川・俣野, 2015, p.83）

また、『面白いほど雑談が弾む101の会話テクニック』(神岡真司, 2014, フォレスト出版) では、あるキャバレーで口下手なホステスさんに対して「『スゴイ・素敵・さすが』の3語でお客のことばを受け止めろ」と指導していたというエピソードが紹介されていますが、これもすべて前ページの「サ行の相づち」に含まれています。

　どうやらお堅いビジネスでも、水商売でも、大げさな相づちで承認・賞賛することが雑談を成功させる (そして、商売を成功させる) ポイントのようです。

オウム返し

　相手の話を聞いていることを訴える手段としては、オウム返し (「リフレクティング (reflecting)」と呼ばれます) も有効のようです (櫻井, 2016; 箱田, 2008a)。

　相手が話した言葉をくり返すことによって、しっかり聞いていることを示せるとともに、「同じ」言葉を共有することによって親近感も感じさせることができるからです。

以下の例を比べてみると、たしかに同じ言葉をくり返すオウム返しのほうが、より相手の話に興味を持っているような印象を与えていることがわかります。

> **＜相づち＞**
> A：昨日は息子の運動会だったんですよ。
> B：へぇ、そうだったんですか。

> **＜オウム返し＞**
> A：昨日は息子の運動会だったんですよ。
> B：へぇ、息子さんの運動会だったんですか。

　さらに一歩進めて、次の例のように、「質問形式で返すなどして、話が広がりそうな言葉を付け加える」（安田, 2015, p.90）という手もあります。これだと、相手は喜んで続きを話してくれそうです。

> A：この前マラソンの市民大会に出たんですよ。
> B：え、大会に出られたんですか、フルマラソンですか。
>
> （安田, 2015, p.91, 下線部筆者）

　オウム返しには、相手が何を言いたいのか勝手に決めつけたり、相手が話す前に自分の意見を言ってしまって、雑談が滞ってしまう

（そして、相手が不満に感じる）のを避ける働きもあります（松橋, 2013）。

次の例を比べてみてください。

> A：先週の日曜日に、夫婦で伊勢神宮に行ってきたんですよ。
> B：へえ！　混んでたでしょう？

> A：先週の日曜日に、夫婦で伊勢神宮に行ってきたんですよ。
> B：いいね！　オレも行きたかったんだよ〜。

> A：先週の日曜日に、夫婦で伊勢神宮に行ってきたんですよ。
> B：へー、伊勢神宮に行ったんだ。

（松橋, 2013, p.128をもとに作成）

最初の例「へえ！　混んでたでしょう？」では、相手は本当に言いたかったことではないこと（伊勢神宮が混んでいたかどうか）について話さなければならなくなってしまいます。

2番目の例「いいね！　オレも行きたかったんだよ〜」では、相手が伊勢神宮での経験を話す前に、自分の意見（自分に関する事柄）に話題を移してしまっています。

どちらの場合でも、相手は不満に感じるでしょう。

一方、3番目の例では、「へー、伊勢神宮に行ったんだ」とオウム返しをすることによって、相手はその後に自分の話したいこと（伊勢神宮での経験）を話し続けることができるわけです（松橋, 2013）。

こうして見ると、単なる相づちよりもオウム返しのほうがよさそうな気がしますが、オウム返しばかりを使い続けるのも問題です。

> A：昨日は息子の運動会だったんですよ。
> B：へぇ、息子さんの運動会だったんですか。
> A：ええ、それで私は借り物競争に出たんですよ。
> B：借り物競争ですか。
> A：そうなんです。それで私が借りなきゃいけないもの、何だったと思います？　カツラですよ！
> B：はあ、カツラですか。
> A：そんなもの貸してくれる人、いると思います？　いるわけないですよ！
> B：いるわけないですよね。

　このように、ひたすらオウム返しだけをしていたのでは、相手の話には興味がなく、上の空で聞いているような印象を与えてしまいます。
　オウム返しは、相づちとうまく混ぜながら使うのがよさそうです。

その⑥
「相づちが打てないのはとっても辛い」

再び「ながら雑談」のエピソードですが、今度は歯医者さんです。

私がお世話になっているデンタルクリニックの先生は、とても雑談好きです。

治療中のこちらの気（痛み）を紛らわそうとしてくれているのかもしれませんが、歯をドリルで削りながらいろいろと話しかけてきます。

私が大学の教員だと知っているので、「新学期になるとやっぱりお忙しいですか」「最近の大学生は昔の大学生よりも子どもっぽいですか」といった大学関係、教育関係の話題が多いです。（この歯医者さんも、「相手の話題」を選ぶことをちゃんとわきまえていますね。）

しかし、美容院と大きく違うのは、こちらは大きな口を開けて歯の治療を受けている最中なので、声を出すどころか、うなずくことさえできないということです。

先日の会話もこんな感じでした。

第3章　雑談を多面的に分析してみると

歯医者：歯間ブラシ、続けてくださいね。
　私：…………
歯医者：続けることが大事です。ま、勉強と同じですよね。
　私：…………
歯医者：勉強っていえば、私、子どもが2人いるんですけど、勉強しなくってね。
　私：…………
歯医者：上のほうが頭はいいんですけど、その分力抜いてるっていうか、
　私：…………
歯医者：いつもギリギリ合格でいいやって感じで、何事も真面目にやらないんですよ。
　私：…………
歯医者：でも、親としてもね、もう諦めてるっていうか、何を言っても聞かないですしね。
　私：…………

　こんなとき、相づちを打ちたいのに打てないのは大変なストレスだということを実感します。
　歯医者さんのほうは相づちが返ってこないことに慣れているはずですが、それでも、こちらの相づちを待っているような不

自然な沈黙が流れます。

　不可抗力とはいえ、このまま相手が言ったことを無視しているみたいな感じになるのはどうしても嫌なので、口をすすがせてもらった後で（つまり、ずいぶん時間が経ってから）「いやあ、でも勉強なんてなかなか続けられませんよ。ご心配かもしれませんが、要領がいいってのも一種の才能ですからね。」なんて、一気に返事をしてみたりするのですが、やはり相づちは「間」が命。なんとも「間抜け」な返事になってしまうんですよね。

　適切なタイミングで相づちを打つこと。これこそがスムーズなコミュニケーションを支えているんだと、歯医者で思い知らされたというエピソードです。

8　雑談の正体

　本章では、雑談をさまざまな要素に分解して、その特徴を考察してきました。

　一見捉えどころのない「雑談」という会話を、(1) 相手、(2) 場面・場所、(3) 目的、(4) 話題、(5) 構造、(6) 話し方、(7) 聞き方という7つの側面から詳しく分析することによって、その輪郭が多少なりともはっきりしてきたのではないかと思います。

　そして、「はじめに」で掲げたいくつかの疑問（「雑談は単なる『くだらないおしゃべり』なのか」「雑談にはどのような特徴があるのか」「ビジネスや社会生活をうまくやっていくために雑談がどうして役に立つのか」）に対する答えも、見つけられたのではないでしょうか。

　ここで取り上げたさまざまな特徴は、必ずしも雑談だけの特徴とは限りませんが、「雑談」を形作り、「雑談」を雑談たらしめているものであることは間違いないでしょう。

　また、本章では分析を容易にするために、7つの要素に分けて「部分に焦点を当てる」という手法を採りましたが、これらの要素が複雑に絡み合って雑談という「全体を形作っている」ことも忘れてはいけません。

　例えば、「相手」との関係性や「場面・場所」によって雑談をする「目的」は変わってきますし、それに応じてどのような「話題」を選ぶかやどのように会話を始め、どのように会話を展開していくか（「構造」）も異なってきます。

　そして、雑談のさまざまな目的を首尾よく達成するために、それ

ぞれの雑談にふさわしい「話し方」や「聞き方」が実践されなければなりません。

　私たちが日々従事している「雑談」という行為は、そのような複雑な営みとして成り立っています。

　この複雑な営みこそが「雑談の正体」です。

第4章

外国人と雑談

1　外国人だって雑談したい！

　あなたは、外国語で「日常会話」ができるようになるのは大変だと思いますか。

　「せめて英語で日常会話ぐらいできるようになりたいなあ」とか、「アメリカにお住まいだったんですか。じゃ、英語はペラペラなんですね！」「ええ、まあ。日常会話程度でしたら」といったような会話、どこかで聞いた覚えがありますよね？

　このように、私たちは「日常会話」を易しいものだと思い込んでいる節があります。

　実は、私たちが「日常会話」という言葉を使うとき、それが指しているのは、たいてい道を聞いたり、買い物をするときなどに話す会話、つまり「日常生活における簡単な課題遂行会話」です。

　そして、こうした「日常会話」（日常生活における課題遂行会話）を、会議やプレゼンテーション、スピーチやディスカッション、ディベートなどの専門的で特殊な課題遂行会話と比較して、「易しい」と考えているわけです。

　しかし、実際の「日常会話」は、課題遂行会話だけで成り立っているわけではありません。というよりも、むしろそれ以外のほうがはるかに多いのです。

　そして、「それ以外」とは何かというと、それこそが「雑談」なのです。（「まえがき」でも紹介した通り、私たちが1日のうちにくだらないおしゃべり（雑談）に浪費する時間は、合計すると6時間にもなるのですから（ダンバー, 2011）。）

　日常会話の大部分を占める雑談は、決して易しい会話ではありま

せん。

　それは、雑談のやり方を教えるハウツー本がこれだけたくさん出版され、ベストセラーが何冊も出ていることからも明らかです。

　日本人が母語である日本語で雑談をするのが難しいのだとしたら、外国人が彼らにとって外国語である日本語で雑談をするのはそれよりはるかに難しいということは容易に想像がつきます。

　ここまで「雑談」の本を読んできて、突然外国人の話が出てきたので不思議に思った方もいるかもしれません。

　しかし、今や在留外国人が223万人（2015年）もいる時代です。これは過去最高の数字で、しかも2014年から2015年の1年間だけでも11万人も増えているのです。

　あなたの周りでも、外国から来た人たちが増えてきたなあと感じることはありませんか。勤め先に外国人の同僚がいたり、近所に外国人の家族が住んでいたりする人も多いのではないでしょうか。

　そうなんです。これからは、雑談をする相手は日本人とは限らないのです。

　勤め先の同僚や顧客との付き合い、ご近所付き合いや子どもの学校の保護者会、学生であればクラスメイトやサークルの留学生との付き合いなど、さまざまな場面で外国人と雑談をする機会が確実に増えているのです。

　雑談は日常生活のさまざまな場面で、またビジネスなどの社会経済活動を円滑に進めていくうえでも、必要不可欠なものです。

　そうであるならば、日本社会で生活している外国人や日本でさまざまな仕事に従事している外国人たちも、日本語で上手に雑談がで

きるようになりたいと思っているのではないでしょうか。

　私は、大学で外国人留学生に日本語を教えています。

　そして、教え子たちには、ホストファミリー、学生寮やサークルの友達、バイト先の同僚をはじめ、日本で出会うなるべく多くの日本人たちと親交を深めてほしいと切に願っています。

　そのためには、単に日本語を学習するだけでなく、日本人の雑談のやり方も学んでもらいたいと思っています。

　そんな私と同じ考えを持つ日本語の先生（関西外国語大学の西郷英樹准教授）と協力して、100人以上の外国人留学生たち（主に中級から中上級レベル）に「日本語の雑談のどんな点が難しいか」「雑談のどんなことを教えてほしいか」に関するアンケート調査をしました。

　この章では、アンケートに対する留学生たちの回答も踏まえながら、外国人が日本人と雑談するときにどんなことに困っているか、上手に雑談をするためにはどうすればよいのか考えてみたいと思います。

　相手（外国人たち）の事情がわかれば、きっとあなたもあなたの周りの外国人たちと気楽で楽しい雑談ができるようになるはずです。

2　日本語で雑談をするために必要なもの

言語運用力

　雑談も会話（話し言葉によるコミュニケーション）の1つですから、会話に従事することができるだけの日本語の運用力が必要なことは言うまでもありません。

　言語運用力の中心は、言語構造（発音、文法、語彙など）に関する知識を駆使して、正しい文や談話を組み立てて話す能力と、それらを正しく聞き取る能力です。

　加えて、会話の場面や相手などに応じて、適切な表現を選んで自分が言いたいことを伝える能力も大切です。

　留学生のアンケートへの回答では、こうした日本語の運用力が原因で雑談がうまくできないという声がありました。

　ここでは、「文法」「語彙」「聞き取り」「社会言語知識」について見てみましょう。

[文法]

　外国人留学生の悩みで多いのは、「使える文法表現や知っている語彙が限られるため、いつも同じ話題になってしまったり、表面的な話しかできず雑談が盛り上がらない」ことです。

　これは、まだ日本語を習得中の彼らにとってはしかたのないことで、学習が進んで文法や語彙の知識が増えてくれば、ある程度解決されるはずです。

　しかし、いくら教室で日本語を勉強しても、雑談特有の特徴はな

かなか学ぶ機会はないようです。

アンケートでも、「母語話者は文法を教室で習うのよりももっとくだけた言い方で話す」「省略、倒置で相手の話のメインポイントがわからない」という指摘や、「文法のくだけた用い方を教えてほしい」いった要望が見られました。

くだけた会話である雑談では、文末まで言わない中途終了文、述語が主語や目的語より先に来る倒置文、助詞などを省略した文など、いわゆる「非文法的」な発話が頻繁に使われますし、音便化も起こりがちです。

例えば、留学生（仮にマイクという名前とします）がいつから日本語を勉強しているのか知りたいとき、私たちは次のように聞いたりします。

「いつから勉強してんの、日本語？」

私たちにとっては何でもない文に見えますが、これが留学生たちには難しいのです。なぜなら、

「マイクはいつから日本語を勉強しているの？」

が、留学生たちが習う「正しい日本語」だからです。

この文から主語（「マイク（は）」）と目的格の助詞（「を」）を省略し、

目的語（「日本語」）と述語（「勉強しているの」）の順番を入れ替え、「している」の「い」の音を脱落するとともに、「る」を「ん」に撥音便化して初めて、「いつから勉強してんの、日本語？」という文が出来上がるのです。

　留学生たちが雑談についてくるためには、日本人が話すこうした「非文法的」な発話を聞いて理解できる力が必要です。

　また、こうした文を自らも使いこなす必要もあります。

　そうでないと、雑談特有のくだけた雰囲気、テンポのよい流れに水を差してしまって、気楽で楽しい雑談、盛り上がる雑談ではなくなってしまうでしょう。

　日本語で中途終了文が多い理由に、文の終わりを待たずに文節の切れ目ごとに相づちが打たれたり、文の途中で聞き手が引き取って完成させたりすることが多いことがあります。

> A：きのうは上野へ花見にね、
> B：ああ、いらしたんですか。
>
> （水谷, 1995, p.5）

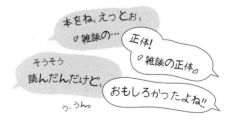

第4章　外国人と雑談

このように、「話し手と聞き手の二者が対立せず、渾然一体となって一本の流れをつくる」(水谷, 1995, p.5)会話の進め方を、日本語教育学者の水谷信子は「共話」と呼んでいます。

共話は「分かり合っている者同士の話し合い」(水谷, 1993, p.9)のスタイルであり、共話的な話し方のほうが楽しく、気楽なので、共通点や共有知識の多さを確認し、ラポールを生じさせる機能を持つ雑談にはまさにうってつけの話し方です。

テンポのよい雑談ができるようになるためには、外国人は日本語の共話のスタイルに慣れる必要があります。

[語彙]

語彙の問題は、さらに深刻なようです。

アンケートでは、「語彙や決まり文句が難しい」「くだけた決まり文句や語彙を教えてほしい」と答えた留学生が最も多く、語彙不足のために相手の言っていることがわからなかったり、言いたいことが思うように言えずに苦労している様子がうかがわれます。

また、「クラスで習う語彙や文法はインフォーマルな場面では使われない」「友達に使う語彙や表現を学びたい(教科書は丁寧な話し方だけ)」という指摘からは、日本語の授業では同年代の友人との雑談で使われる語彙を習う機会がないこともわかりました。

留学生が雑談をする相手は主に同年代の若者ですから、雑談の話題はどうしても恋愛や流行、ポップカルチャーなどが多くなります。しかし、そうした雑談に出てくる語彙は教科書には載っていないのです。

例えば、恋愛話に出てくる語彙を考えてみてください。

> 片思い　両想い　つきあう　出会う　出会い　コンパ
> 紹介　タイプ(好み)　別れる　彼(氏)　彼女
> 元カノ　元カレ　アプローチする　異性　同性
> 気がある　気がない　振る　振られる　告白する
> {彼氏/彼女}いない歴　浮気(する)　嫉妬する
> 焼きもち(を焼く)　イケメン　外見　性格　飽きる
> 冷める　ほれる　倦怠期　年の差　うまくいく
> うまくいっている　二股　三角関係　面食い　別れ話
> 束縛　モテる　モテ期　ダメ元

　上に挙げたような語彙がよく使われるのではないかと思いますが、これらのほとんどは授業で習うことはありません。
　留学生たちにとって難しい語彙は、こうした特定の話題に関する語彙だけではありません。
　地域方言や社会方言（若者言葉など）も雑談のハードルを上げる要因です。
　第3章の「6　話し方」の「地域方言・社会方言」(80ページ)のところで、「仲間意識」を確認するために共有されるコードとして地域方言や若者言葉（社会方言）が使われることを指摘しましたが、こうした方言に特有の語彙について知らなければ、雑談についていくのは難しいでしょう。

アンケートでも関西に住んでいる留学生からは、「大阪弁が難しい」「関西弁を教えてほしい」といった声が多く聞かれました。

　関西では、たとえ外国人留学生だとしても、東京人が話すような共通語で話していたのでは、地元の人たちとのラポールはなかなか生まれないのかもしれません。

　若者言葉やスラング的な語彙も同様です。

　形容詞ひとつとっても、「エモい」「ぱない」「しょんどい」などの最先端の若者言葉から、「チャラい」「とろい」「めんどい」などの大人も使うスラング的な語彙まで、雑談では日本語の授業では習わない単語が目白押しです。

　雑談特有の話題で出てくる語彙、若者言葉や地域方言などの「授業で習ったことがない語彙」が、外国人留学生が日本語で雑談力をするうえで高い壁として立ちはだかっているといえそうです。

[聞き取り]

アンケートでは、聞き取りの困難さを上げる留学生も大勢いました。

聞き取りを困難にする主な音声的な原因は、日本人の話す速度と不明瞭な発音、そして声の小ささです。

聞き取りやすい速度ではっきりと話す日本語教師や音声教材の話し方に慣れている留学生にとって、「普通」の日本人が話すスピードが早く感じられるのはしかたがありません。(私たちも、英会話学校の先生が言うことや音声教材の会話は聞き取れるのに、ドラマや映画の会話は聞き取れないということがよくありますよね。)

「普通」の日本人も、課題遂行型の会話では課題を達成するために外国人にもわかりやすいように話そうという意識が働くと思いますが、雑談では、特に話が盛り上がっているときには、そうした意識も薄くなり、早口のうえ高いトーンで話しがちです。

音声的な特徴以外にも、雑談の聞き取りを難しくしている原因があります。それは、先ほどお話ししたように、雑談では非文法的な文、特殊な語彙が多用されることです。

加えて、雑談には、短期的目的がない、しっかりした論理展開がない、頻繁に話題が変わるなどの特徴があるため、聞き取れた情報から話の内容を推論するための前提が立てにくく、話についていくのが大変なのです。

また、他の実質的な作業をしながら行う「ながら雑談」の場合には、注意のかなりの部分が作業のほうに取られてしまうため、聞き取りに集中できないということもあるでしょう。

しかし、雑談の場合には、相手の言うことがわからないからといって度々聞き返していると、会話のテンポが乱されて話が盛り上がりませんし、一々言い直さなければならない相手は煩わしく感じるかもしれません。これでは、雑談が楽しくなくなってしまいかねません。
　そのため、次の回答のような悩みを抱えている留学生も多いのです。

> 「相手の言っていることが完全にわからないとき、どのように応答すればよいのかわからず、ただ微笑んでうなずく。
> 時々自分が思ってもみないような印象を相手に与えているのではないかと思う。」

[社会言語知識]

外国人留学生へのアンケートの回答に、次のようなものがありました。

> 「同年代の人との雑談と比較して、年配の人、店員、駅員などと会話するときは不安になり、何も話せないことも多い。これは自分の日本文化への理解の欠如からきていると思う。それぞれの場面や場所でどんな言動が日本文化では許容されるのか、この点がまだよくわからない。」

「いつ」「どこで」「誰に対して」「何を」「どのように」話せばいいのか、話してはいけないのかについての知識を、社会言語知識といいます。

この留学生は、自分には日本語の社会言語知識が足りないことを自覚しているようです。

外国語の運用力には、社会言語知識を活用して、状況や相手との関係などにふさわしい言い方を選択できることも含まれます。どんな言い方でもいいから言いたいことが伝わればいいというわけではないのです。

状況や相手との関係に応じて適切な表現を選んで話す理由に、その言葉を聞く相手の気持ちに配慮する必要性が挙げられます。

相手に対して配慮を示すというと敬語を思い浮かべる方も多いかもしれません。

しかし、留学生の場合には、雑談で敬語を使わなければならない

第4章 外国人と雑談

機会はそれほど多くはありません。

彼らにとってもっと現実的な問題は、スピーチスタイルの使い分けです。

私たち日本人は、相手と上下関係がない場合、それほど親しくない相手には「丁寧体」で話しますが、親しい相手には「普通体」を使います。(詳しくは 76 ページ。)

しかし、日本語の授業では「丁寧体」の会話を練習することが多いため、なかなか「普通体」で話すことができない留学生も多いのです。

キャンパスで留学生と日本人学生の会話を聞いていると、日本人は「普通体」で話しているのに、留学生は「丁寧体」で話していることがよくあります。

次の例は、大学院で同じ授業を受けている日本人学生と外国人留学生の会話です。

> 日本人:ねえ、明日出すレポートもう終わった？
> 留学生:あ、まだです。
> 日本人:じゃ、このあと、図書館行く？
> 留学生:はい。エリさんも行きますか。
> 日本人:うん、一緒に行こっか？
> 留学生:そうしましょう。

このように留学生が丁寧体を使い続けていると、雑談を重ねても、

なかなか心理的距離が縮まらず、仲良くなるのに時間がかかるのではないかと思います。

雑談に関する知識

以上で述べてきたことは、日本語が外国語である留学生だからこそ必要なことでしたが、上手に雑談ができるようになるためには、第3章で見たような、雑談を成り立たせているさまざまな要素に関する知識も身につける必要があります。

この点は、私たち日本人と同じです。

本書で取り上げた雑談の要素には、①相手、②場面・場所、③目的、④話題、⑤構造、⑥話し方、⑦聞き方がありました。

アンケートの結果を見ても、留学生がこうした雑談のさまざまな側面に困難を感じていることがうかがわれます。

例えば、①相手や②場面・場所に関しては、

- 「年齢や性別が異なる相手と話すときに、どんな話題が適切かわからない」
- 「初めて会った人やあまり親しくない人との話題のリストがほしい」
- 「さまざまな年齢層との雑談のやり方を教えてほしい」
- 「異性と仲良くなるための会話も扱ってほしい」
- 「公園での散歩、文化的なイベントなど楽しい活動の際の雑談、一緒に買い物をするときの雑談を易しくする方法を教えてほしい」

などの悩みや要望がありました。

また、③目的や④話題に関しては、次のような悩みや要望がありました。

- 「雑談をする目的を教えてほしい」
- 「話の中で相手と共通基盤をつくっていくのが難しい」
- 「日本人と打ち解ける（アイスブレイクの）ための話題を教えてほしい」
- 「面白い話題が見つからない」
- 「話を広げる他の話題が見つからない」
- 「日本人がよくする雑談の話題を教えてほしい」
- 「話題を変えるのが難しい」
- 「違う話題を話し始めるのが難しい。いつも私の国に話題が戻ってしまう」

⑤構造や⑥話し方に関しては、

- 「話を始めることが難しい」
- 「カジュアルスピーチでの話の始め方が難しい(相手にすごく真面目な印象を与えてしまう)」
- 「話したい話題の自然な切り出し方が難しい」
- 「自然に会話を続けるのが難しい」
- 「会話を広げながら続ける方法を教えてほしい」
- 「雑談を易しくする方法、そして聞き手への発話へと続ける方法を教えてほしい」
- 「すぐに話が尽きてしまい、沈黙になってしまう」
- 「あまり内容がないことを話し続けることが難しい」
- 「話題を自然に、丁寧に終えるのが難しい」
- 「雑談を切り上げるのが難しい」
- 「非言語的な要素が難しい」
- 「話すタイミングと非言語的な要素との関連がよくわからない」

などの悩みや要望がありました。

そして、⑦聞き方に関しては、

> - 「相手が話している内容にリアクションするのが難しい」
> - 「相手が話し終わった後に何を言えばよいのかわからない。意に反して、相手に失礼になりたくない」
> - 「相手の発言への相づちがうまくできないので、会話が不自然に感じられる」
> - 「適切な返答のしかた(「そうなんだ」「そうか」「そうそう」)が難しい」
> - 「適切な質問をするのが難しい」
> - 「会話を続けられる質問が難しい」
> - 「話を広げるのが難しい。よく『はい』『いいえ』だけで答えてしまい、質問をするのが難しい」
> - 「決まった応答のしかた、返し方が知りたい」

などの悩みや要望がありました。

こうして外国人留学生たちの意見を聞いてみると、彼らが日本人との雑談にいかに苦労しているかということに加えて、日本人と気楽に雑談ができるようになるためには、雑談のあらゆる側面についての知識を身につける必要があることがわかります。

第3章で取り上げた雑談についての知識を学び、次のような疑問に対する自分なりの答えを持つことができれば、日本語での雑談がずいぶん楽にできるようになるのではないかと思います。

- 雑談にはどのような目的があるのか。
- 今している雑談はどのような目的で行われているのか。
- 雑談ではどのような話題が好まれるのか。
- 場面や相手によって、雑談の目的や適切な話題はどのように異なるのか。
- どのように話しかけ、どのように会話を進め、どのように切り上げると、相手も自分も満足した雑談になるのか。
- 音声や表情、身振り・手振りなどをどのように調整すると、どのような伝達の効果が生じるのか。
- どのような質問をし、どのようなリアクションをすると雑談が盛り上がるのか。

3　異文化理解

外国人留学生たちにとって日本語の雑談が難しい原因には、「言葉の壁」に加えて、「文化の壁」の存在があります。

アンケートでも、「文化差が問題」「他文化と比べて日本で重要視されていることがわからない」「ユーモアの違いがわからない」「文化的に適切な話題を知りたい」などの回答が寄せられました。

文化が異なれば、「雑談が期待される場面」や「雑談で扱われる話題」などが異なる可能性は大いにあります。

雑談が期待される場面の違い

イギリスやアメリカでは、見知らぬ人同士が雑談をする光景がよく見られます。客が店員やバスの運転手と短い雑談を交わすのも普通です。

第3章で紹介した井出 (2008) の研究も、アメリカのコンビニのレジで支払いをしている間に生じた客と店員の雑談を研究したものでした。

しかし、もし日本のコンビニで知らない客から雑談を持ちかけられたら、店員さんはさぞやびっくりすることでしょう。

また、アラブ諸国の商店では、商談中に店主が他の客と雑談(しかも20分も!)をし始めることがよくあるのだそうです (Axtell, 1993)。

日本でこんなことをされたら、怒って商談なんかやめて、とっとと店を出てしまいますよね。

かく言う日本にもユニークな雑談の慣習があります。

それは、仕事が終わった後に頻繁に同僚と飲みに行ったり、取引先などを接待するために酒席を設けたりすることです。
　いわゆる「飲みニケーション」ですが、こうした集まりの目的はずばり雑談をすることです。
　日本人にとってはありふれた光景ですが、家族との夕食の時間を犠牲にしてまで、同僚や取引先の担当者と「雑談をするための時間」を取るなんてばかばかしいと考える外国人も多いようです。
　このように、雑談が期待される場面、雑談が許される場面の捉え方は、文化によって異なる可能性があります。
　こうした文化による違いを認識し、ある程度適応する必要があります。

雑談で扱われる話題の違い

　雑談には、「気候（天気）」のように普遍的と思われる話題もある一方で、その文化に特有の好まれる話題というのもありそうです。

　例えば、日本人が好む話題として「血液型」がありますが、これが雑談の話題になるのは、日本と韓国くらいではないでしょうか。

　日本人は、初対面同士が自己紹介するときに血液型を言うことも多く、合コンなどではそこから血液型による性格診断（A型は「生真面目」、B型は「自由奔放」など）や、男女の相性診断（「A型の女性とO型の男性の相性は最高」など）といった話題に発展することがよくあります。

　しかし、海外には自分の血液型自体を知らない人が多い国もたくさんありますし、たった4種類の区別に基づいて性格や相性について決めつけることをナンセンスだと考える人も多いようです。（一方で、占星術がポピュラーな国では「星座」の話題は広く好まれるようです。）

　このように文化が異なると、雑談で好まれる話題も異なる可能性があります。

　また、同じ文化圏の人なら一般的に経験するような話題（「過去に流行したもの」「中学校や高校の校則」「受験勉強」など）や、誰もが知っている共通の話題（「テレビドラマ」「ニュース」など）も、日本では雑談の格好の話題ですが、こうした経験や知識を共有していない外国人にとっては話に入っていくのが難しい話題でしょう。

周りの外国人と楽しい雑談を

　この章では、外国人留学生たちへのアンケート結果をもとに、日本語で雑談をする外国人たちが日本人以上に雑談に苦労していること、そして、その原因についてお話ししました。

　あなたの周りの外国人の中には、きっと日本人と知り合いになりたい、親交を深めたいと思っている人もたくさんいると思います。

　そのきっかけになるのは、雑談です。楽しい雑談の経験を積み重ねることによって、良好な社会的関係が築かれていくからです。

　しかし、あなたと話す外国人は雑談がうまくできなくて困っているかもしれません。

　日本語の母語話者である私たちのほうが、彼らが困難を感じる原因に思いを馳せ、配慮してあげながら話すことによって、日本中のあちこちで異文化を超えた気楽で楽しい雑談が増えることを願ってやみません。

その⑦
「英語で雑談」

　この章では、外国人が日本語でする雑談について見てきました。

　しかし、考えてみたら、私たちの周りにいる外国人がみんな日本語を上手に話せるわけではありません。

　職場などの環境にもよりますが、どちらかと言えば、私たち日本人のほうが外国語（特に英語）を使って雑談をしなければならないケースのほうが多いかもしれません。

　そこで質問です。英語での雑談、あなたは自信がありますか。

　仕事などで日常的に英語を使う人たちの中にも、「英語の雑談は苦手」という人は結構多いのではないかと思います。（そういう私も、恥ずかしながら英語の雑談は得意ではありません。）

　では、「苦手だな」と思った人、その原因は何でしょうか。

　「くだけた雑談のときのネイティブの話すスピードが速すぎる！」

　「スラングやくだけた会話特有の言い回しがわからない！」

　「どんな話題を話したらいいかわからない！」

　「文化的・社会的な背景を知らない話題についていけない！」

　「主導権が握れないのはしかたないにしても、相手の話にどのようにリアクションしたら盛り上がるのかもわからない！」

うんうん、その気持ちよくわかります。

でも、考えてみたら、こうした悩みって外国人留学生たちの悩みとまったく同じなんですよね。

そう思うと、日本語の雑談に苦労している外国人たちに、いっそう親近感が湧いてきませんか。

ところで、私はこれまで英語の授業で一度も「雑談のやり方」を教わったことがありません。

「教わっていないんだから、できなくて当然」と思わず開き直りたくもなってしまいますが、やはり、英語の雑談のやり方を学ぶ方法は独学しかないのでしょうか。

そう思って、アマゾンで「英語 雑談」と入力して検索してみたところ、さすがは「英会話学習中毒」の日本人。英語の雑談の本って、結構あるんですね。

試しに何冊か購入してみて、あることに気がつきました。

本書で取り上げてきたハウツー本とは違って、英語の雑談の本は語彙・フレーズ集や文例集、会話例集ばかりなのです。

それらは、話題別（恋愛、映画・テレビ、スポーツ）だったり、場面別（カフェやビジネスシーン）だったり、会話の機能別（話し始める、質問する、共感する、本音を言う）だったりと、本書の第3章で紹介した雑談の要素に基づいて、学校の教科書ではあまり習わないような「実践的な」語彙やフレーズ、くだけた会話などを紹介しているのです。

これって、外国人留学生たちの「雑談のこんなことを教えてほしい」という要望にきちんと応えているじゃありませんか。
　でも、残念ながら、「日本語」の本ではなく、「英語」の本なのですよね。
　外国人留学生たちは、日本語のくだけた文法の使い方や若者言葉、スラング的な語彙などがわからなくて、普段の雑談にとても苦労しています。
　そうした外国人留学生のための日本語の雑談で使える単語集やフレーズ集、文例集や会話例集。そんな教材があれば、彼らの悩みも少しは解消されるのかもしれません。

第5章

日本語教育における雑談

前章で紹介した外国人留学生の声の中には、雑談が上手になりたい留学生からの日本語の授業に対するたくさんの要望がありました。

　そうした要望から見えてきたのは、雑談で使えるくだけた文法、若者言葉やスラング的な語彙は教科書には載っていないし、雑談のようなインフォーマルな会話のやり方は日本語の授業ではほとんど教えていないということです。

　雑談は、周囲の日本人との良好な社会的関係を築くためのとても効果的な手段なのに、外国人が学んでいる日本語の教室では教えていない。なんだか、とてももったいない気がします。

　そこで、本章では、外国人に対する日本語教育では、雑談ができるようになることをどのように捉えているのか、教育目標（習得目標）における雑談の位置づけについて検証してみたいと思います。

　ここからは日本語教育関係者向けの少し専門的なお話になってしまいますが、ご容赦ください。

1　「雑談力」の判定

　「雑談」が日本語教育において教育目標（習得目標）になっているかどうかを調べる一番手っ取り早い方法は、現行の能力判定方法（試験）の評価基準の中に雑談に関する項目があるかどうかを調べることでしょう。

　外国語としての日本語能力を測る試験で最も大規模なものは、国際交流基金と日本国際教育支援協会が運営する「日本語能力試験

(Japanese Language Proficiency Test: JLPT)」ですので、まずはこの試験から見てみます。

日本語能力試験 (JLPT)

「日本語能力試験」は、日本語を母語としない人を対象に、日本語能力を測定し、認定することを目的とした試験で、N1～N5の5つのレベルで合否が判定されます。

日本国内だけでなく、世界の73の国・地域、228都市で実施され、75万人もの日本語学習者が受験しています (2016年実績)。

しかし、この試験の測定の対象は、言語 (文字・語彙・文法) 知識と受容 (読解・聴解) 能力だけで、産出 (発話・作文) 能力は測定しません。

そのため、口頭言語コミュニケーションである雑談がどのくらいできるのかを直接判定することはできません。

それでも、間接的に推測する方法はあります。

それは、試験の結果を解釈するための参考情報として提供されている「日本語能力試験Can-do自己評価リスト (JLPT Can-do)」を見ることです。

「日本語能力試験Can-do自己評価リスト」は、「日本語能力試験の各レベルの合格者が、日本語でどのようなことができると考えているか」を、受験者の自己評価調査の結果に基づいてまとめたものです。

リストは「聞く」「話す」「読む」「書く」の4技能に分かれていますが、ここでは口頭言語コミュニケーションに関わる「聞く」と「話す」のリストを転載します。

日本語能力試験Can-do自己評価リスト（JLPT Can-do）「聞く」

このリストは、「日本語能力試験の各レベルの合格者が、日本語でどんなことができると考えているか」を、受験者の自己評価調査の結果に基づいてまとめたものです。
<u>日本語能力試験のシラバス（出題内容）ではありません。また、合格者の日本語能力を保証するものではありません</u>。日本語能力試験が測る日本語能力や出題内容については、「認定の目安」等を参照してください。
このリストは、受験者やまわりの方々が「このレベルの合格者は日本語を使ってどんなことができそうか」というイメージを作るための参考情報としてご活用いただくことができます。

難 ← → 易

#	項目	N1	N2	N3	N4	N5
1	政治や経済などについてのテレビのニュースを見て、要点が理解できる。					
2	最近メディアで話題になっていることについての会話で、だいたいの内容が理解できる。					
3	フォーマルな場（例：歓迎会）でのスピーチを聞いて、だいたいの内容が理解できる。					
4	思いがけない出来事（例：事故など）についてのアナウンスを聞いてだいたい理解できる。					
5	仕事や専門に関する問い合わせを聞いて、内容が理解できる。					
6	関心あるテーマの講義や講演を聞いて、だいたいの内容が理解できる。					
7	学校や職場の会議で、話の流れが理解できる。					
8	関心あるテーマの議論や討論で、だいたいの内容が理解できる。					
9	身近で日常的な内容のテレビ番組（例：料理、旅行）を見て、だいたいの内容が理解できる。					
10	身近で日常的な話題（例：旅行の計画、パーティーの準備）についての話し合いで、話の流れが理解できる。					
11	標準的な話し方のテレビドラマや映画を見て、だいたい理解できる。					
12	店で商品の説明を聞いて、知りたいこと（例：特徴など）がわかる。					
13	駅やデパートでのアナウンスを聞いて、だいたい理解できる。					
14	周りの人との雑談や自由な会話で、だいたいの内容が理解できる。					
15	簡単な道順や乗り換えについての説明を聞いて、理解できる。					
16	身近で日常的な話題（例：趣味、食べ物、週末の予定）についての会話がだいたい理解できる。					
17	簡単な指示を聞いて、何をすべきか理解できる。					
18	先生からのお知らせを聞いて、集合時間、場所などがわかる。					
19	店、郵便局、駅などで、よく使う言葉（例：「いらっしゃいませ」「〇〇円です」「こちらへどうぞ」）を聞いて、理解できる。					
20	教室で、先生や友達の簡単な自己紹介を聞いて、理解できる。					

※各レベルの合格者が「できる」と考える割合を、4段階で示しています。
割合の推計には「合格ライン付近の合格者」のみの回答結果を使用しています。詳しくは冒頭の「リストの作成について」を参照してください。

- 25%未満
- 25%以上、50%未満
- 50%以上、75%未満
- 75%以上

©2012 The Japan Foundation, and Japan Educational Exchanges and Services.
(http://www.jlpt.jp/about/candolist_listening.html)

日本語能力試験Can-do自己評価リスト(JLPT Can-do)「話す」

このリストは、「日本語能力試験の各レベルの合格者が、日本語でどんなことができると考えているか」を、受験者の自己評価調査の結果に基づいてまとめたものです。
<u>日本語能力試験のシラバス(出題内容)ではありません。また、合格者の日本語能力を保証するものではありません</u>。日本語能力試験が測る日本語能力や出題内容については、「認定の目安」等を参照してください。
このリストは、受験者やまわりの方々が「このレベルの合格者はこの日本語を使ってどんなことができそうか」というイメージを作るための参考情報としてご活用いただくことができます。

		N1	N2	N3	N4	N5
難 ↑ ↓ 易	1 関心ある話題の議論や討論に参加して、意見を論理的に述べることができる。					
	2 最近メディアで話題になっていることについて質問したり、意見を言ったりすることができる。					
	3 思いがけない出来事(例:事故など)の経緯と原因について説明することができる。					
	4 相手や状況に応じて、丁寧な言い方とくだけた言い方が使い分けられる。					
	5 最近見た映画や読んだ本のだいたいのストーリーを紹介することができる。					
	6 クラスのディスカッションで、相手の意見に賛成か反対かを理由とともに述べることができる。					
	7 準備をしていれば、自分の専門の話題やよく知っている話題についてプレゼンテーションができる。					
	8 友人や同僚と、旅行の計画やパーティーの準備などについて話し合うことができる。					
	9 アルバイトや仕事の面接で、希望や経験を言うことができる。(例:勤務時間、経験した仕事)					
	10 よく知っている場所の道順や乗り換えについて説明することができる。					
	11 準備をしていれば、自分の送別会などフォーマルな場で短いスピーチをすることができる。					
	12 店で買いたいものについて質問したり、希望や条件を説明したりすることができる。					
	13 電話で遅刻や欠席の連絡ができる。					
	14 身近で日常的な話題(例:趣味、週末の予定)について会話ができる。					
	15 相手の都合を聞いて、会う日時を決めることができる。					
	16 驚き、嬉しさなどの自分の気持ちと、その理由を簡単なことばで説明することができる。					
	17 自分の部屋について説明することができる。					
	18 趣味や興味のあることについて、話すことができる。					
	19 店、郵便局、駅などで、よく使われることば(例:「いくらですか」「〇〇をください」)を使って、簡単なやりとりができる。					
	20 自己紹介をしたり、自分についての簡単な質問に答えたりすることができる。					

※各レベルの合格者が「できる」と考える割合を、4段階で示しています。
割合の推計には「合格ライン付近の合格者」のみの回答結果を使用しています。詳しくは冒頭の「リストの作成について」を参照してください。

25%未満
25%以上、50%未満
50%以上、75%未満
75%以上

©2012 The Japan Foundation, and Japan Educational Exchanges and Services.
(https://www.jlpt.jp/about/candolist_speaking.html)

まず「聞く」を見てみると、雑談に関係がありそうな項目が4つあります。(ただし、20は「教室活動」に限定されているようなので、厳密には雑談とはいえないかもしれません。)

2	最近メディアで話題になっていることについての会話で、だいたいの内容が理解できる。
14	周りの人との雑談や自由な会話で、だいたいの内容が理解できる。
16	身近で日常的な話題(例:趣味、食べ物、週末の予定)についての会話がだいたい理解できる。
20	教室で、先生や友達の簡単な自己紹介を聞いて、理解できる。

　数字は20項目中の難易度の順序を表しています。それぞれの項目に50％以上の合格者が「できる」と答えたレベルは、「20:教室で、先生や友達の簡単な自己紹介を聞いて、理解できる」がN5以上、「16:身近で日常的な話題(例:趣味、食べ物、週末の予定)についての会話がだいたい理解できる」と「14:周りの人との雑談や自由な会話で、だいたいの内容が理解できる」がN2以上となります。

　一方、「2:最近メディアで話題になっていることについての会話で、だいたいの内容が理解できる」では、最上級のN1合格者でも「できる」と答えた人は25％未満です。

　それでは、次に「話す」を見てみましょう。雑談に関係がありそうな項目は、次の5つです。

2	最近メディアで話題になっていることについて質問したり、意見を言ったりすることができる。
5	最近見た映画や読んだ本のだいたいのストーリーを紹介することができる。
14	身近で日常的な話題（例：趣味、週末の予定）について会話ができる。
18	趣味や興味のあることについて、話すことができる。
20	自己紹介をしたり、自分についての簡単な質問に答えたりすることができる。

　それぞれの項目に50％以上の合格者が「できる」と答えたレベルは、「20：自己紹介をしたり、自分についての簡単な質問に答えたりすることができる」と「18：趣味や興味のあることについて、話すことができる」がN5以上、「14：身近で日常的な話題（例：趣味、週末の予定）について会話ができる」がN2以上、「5：最近見た映画や読んだ本のだいたいのストーリーを紹介することができる」がN1となっています。

　一方、「2：最近メディアで話題になっていることについて質問したり、意見を言ったりすることができる」はN1合格者でも25％以上50％未満しか「できる」と答えていません。

　こうして見ると、一言で「雑談」と言っても、話題（「自分のこと」「興味のあること」「映画や本」「メディアで取り上げられていること」）やタスク（「簡単な説明をする」「ストーリーを語る」「意見を述べる」）によって、難易度に大きな幅があることがわかります。

また、自己紹介や日常的な話題についての雑談は、報告、説明、意見陳述、スピーチ、議論、討論などよりも、概して易しいタスクと捉えられています。

　いずれにせよ、日本語能力試験では「雑談ができるようになること」は教育目標（習得目標）の1つとして捉えられていると考えてよさそうです。

　実は、この「日本語能力試験Can-do自己評価リスト」の能力記述文は、CEFR、ACTFL-OPI、TOEFLなどを参考にして作成されています（国際交流基金・日本国際教育支援協会, 2012）。

　そこで、次にCEFRとACTFL-OPIでは、その評価基準において雑談に関する能力をどのように捉えているのかも見ておきたいと思います。

言語のためのヨーロッパ共通参照枠 (CEFR)

　「言語のためのヨーロッパ共通参照枠 (Common European Framwork of Reference for Languages: CEFR)」は、欧州で共有されることを目標にして欧州評議会 (Council of Europe) によって開発された言語教育・学習の汎言語的なフレームワークです。

　日本語については、このCEFRの基準に基づいて国際交流基金 (Japan Foundation: JF) がまとめた「JF日本語教育スタンダード」という基準もあります。

　CEFRもJF日本語教育スタンダードもA1〜C2の6つのレベルに分けられており、その言語の習熟度が「〜できる」という文の形式（「例示的能力記述文 (illustrative descriptors)」「Can-do 記述文 (Can-do statements)」と呼ばれます)で示されています。

　CEFRについては、塩澤・石司・島田 (2010) がCEFR共通参照レベルと各レベルの例示的能力記述文の特徴を分析し、その要素を抽出しています。

　これを参考にして、「話題・場面」に関して各レベルでできることをまとめると、次の表のようになります。

C2	自分の専門分野を超えた専門家の抽象的な複雑な話題
C1	抽象的かつ複雑で身近でない話題、自分の専門分野以外の話題
B2	専門分野の非常に専門的な事柄や技術的な議論、一般的、学問的、職業上、余暇に関する幅広い話題
B1	日常生活に関する幅広い分野(家族、趣味、仕事、旅行、時事問題など)、専門分野の身近な日常的/非日常的な話題、抽象的、文化的な話題
A2	日常の簡単な話題、習慣や日常の仕事に関して、興味のある話題
A1	自分自身に関して、簡単な日常の具体的で単純なニーズに関する話題

(塩澤・石司・島田 (2010, pp.32-34) をもとに作成)

　ここには「雑談ができる」という直接的な記述こそありませんが、雑談に該当する記述は主にA1からB1のレベル(初級から初中級に相当)に見られます。

　A1では「自分自身」や「簡単な日常の具体的で単純なニーズ」、

A2では「習慣や日常の仕事」や「興味のある話題」、B1になると「日常生活に関する幅広い分野」に加え、「抽象的、文化的な話題」についてとなっていて、レベルが上がるにつれて、やりとりできる話題が卑近で具体的なものから高度で抽象的なものへと広がっていくことがわかります。

このように、CEFRでも雑談は話題によって難易度が異なると捉えられているようです。

「抽象的、文化的な話題」を扱うには、「日常生活に関する話題」よりも、より抽象的で専門的な語彙や複雑な文法が必要になるということなのでしょう。

ACTFL-OPI（アクトフル・オーピーアイ）

OPI (Oral Proficiency Interview) は、全米外国語教育協会 (The American Council on the Teaching of Foreign Languages: ACTFL) が開発した汎言語的に使える口頭運用能力を測定するテストで、日本語版もあります。

ACTFL-OPIの評価基準では、評価の対象を「総合的タスク／機能」「場面と話題」「正確さ」「テキストの型」の4つの領域に分けていますが、ここでは雑談との関連性が高いと思われる「場面と話題」を取り上げます。

ACTFL-OPIの「場面と話題」の評価基準

超級	場面	ほとんどのフォーマル／インフォーマルな場面
	話題	広範囲にわたる一般的興味に関する話題、およびいくつかの特別な関心事や専門領域に関する話題
上級	場面	ほとんどのインフォーマルな場面といくつかのフォーマルな場面
	話題	個人的・一般的な興味に関する話題
中級	場面	いくつかのインフォーマルな場面と、事務的・業務的な場面の一部
	話題	日常的な活動や自分の身の回りの事柄に関連した、予想可能で、かつ身近な話題
初級	場面	最もありふれたインフォーマルな場面
	話題	日常生活における、最もありふれた事柄

（『ACTFL-OPI試験官養成用マニュアル』1999, p.34）

ACTFL-OPIの評価基準にも、「雑談」という表記は見当たりません。

しかし、「話題」の欄を見てみると、雑談で話される話題が初級から超級までのすべてのレベルで取り上げられています。

初級は「日常生活における、最もありふれた事柄」、中級は「日常的な活動や自分の身の回りの事柄」、上級は「個人的・一般的な興味」、超級は「広範囲にわたる一般的興味」というように、ここでもレベルが上がるにつれて、個人的で具体的なものから、一般的で抽象的なものへとやりとりできる話題が広がっています。

ACTFL-OPIは、インタビュアーであるテスター（試験官）とインタビュイーである受験者との間で1対1で行われるインタビューによって口頭運用能力を判定する試験です。

「インタビュー」は公的でフォーマルな会話ですが、ACTFL-OPIではインタビューの中で、自己紹介や趣味、日本での体験などを語る「雑談」も起こります。

また、インタビューの途中で、場面と役割を設定して擬似体験の会話をするロールプレイ（役割演技）も行われるのですが、私的でインフォーマルな場面での会話はこのロールプレイで測られることになります。

ただし、ロールプレイでも、「初級〜上級中」ぐらいまでは同年代の友人同士の雑談のような普通体（いわゆる「タメ口」）の会話は要求されず、「上級上」以上と判断された場合に「タメ口」ができるかどうか試されるようです。

そして、超級と判定されるためには、公的でフォーマルな場面で

「広範囲にわたる一般的興味」について語れるだけでなく、私的でインフォーマルな場面で「タメ口」の会話もできることが条件になります。(ACTFL-OPIトレーナーである南山大学鎌田修教授との私信)

その⑧
「ACTFL-OPIのテスターは雑談の達人?」

ACTFL-OPIは、インタビュー形式のテストです。インタビュアーであるテスター(試験官)とインタビュイーである受験者が、1対1で30分程度会話をします。

あくまでテストですので、会話の流れはインタビュアーであるテスターが常にコントロールしているのですが、インタビューの話題の展開のしかたはまるで「雑談」のようです。

インタビュアーとインタビュイーは初対面なので、テストは簡単な自己紹介から始まりますが、インタビュアーはインタビュイーの自己紹介の中から上手に話題を取り上げ、関連する身近な話題を連想ゲームのようにテンポよく次々とつなげていきます。

その際、インタビュアーは「尋問」するのではなく、インタビュイーとの間に共感が生まれるようなリアクションをしながらインタビューを進めます。

また、言語能力の上限を確認する「突き上げ(probes)」を行うときには、インタビュイーが話したい(話せそうな)特定の話題を掘り下げるような形で、比較や説明をさせたりしますが、この辺の「横に広げながら、ここぞというときには縦に掘り下げる」会話の進め方も、まさに雑談のテクニック(第3章の「話

題の展開」(55ページ)を参照)そのものです。

ACTFL-OPIは、「現実生活場面において日本語を使って何ができるか」を測定するテストですから、できるだけインタビューっぽくならないようにして、普段の何気ない会話(雑談)のように話してもらうことが大切なのでしょう。

「雑談」をしながら、インタビュイーに気づかれないうちに相手の言語能力を評価してしまうOPIのテスターたち。まるでFBIのプロファイラーみたいで、かっこいいですね。

2 評価基準で本当に「雑談力」を測れるか

ここまで日本語能力試験、CEFR、ACTFL-OPIと見てきましたが、どの評価基準にも「雑談」の遂行能力を評価する項目が含まれていることがわかりました。

また、一言で「雑談」といっても、日本語の習熟度レベルによって、やりとりできる話題や言語的タスクに関する目標が大きく異なることもわかりました。

「日本語教育ではしっかりと『雑談』のことも考えてくれていてよかった！ これで一安心」と思いたいところなのですが、実はそうとも言えません。

評価基準の中身をよく見てみると、日本語能力試験Can-do自己評価リストとCEFRでは、どのような「話題」について話せるかしか評価の対象になっていないからです。

つまり、誰とどのような場面・場所で雑談ができるかまでは考慮されていないということです。

例えば、日本語能力試験Can-do自己評価リストの「話す」にあった「18：趣味や興味のあることについて、話すことができる」という項目を考えてみましょう。

これは一番低いN5合格者でも50％以上が「できる」と答えた項目です。（「認定の目安」によると、N5は「基本的な日本語をある程度理解することができる」というレベルです。）

N5合格者が「できる」のは、おそらく以下のような会話でしょう。

> A：Bさんの趣味は何ですか。
> B：私の趣味はサーフィンです。週末に海に行きます。

　これでも趣味についてきちんと話せてはいますが、こうした話し方は初対面時などのあまり親しくない間柄に限られます。
　気心の知れた友人同士での会話であれば、次のような会話のほうが自然です。

> A：Bくん、なんか趣味とかある？
> B：うーん、サーフィンかな、今はまってんのは。たいてい週末は九十九里にいるよ。

　同じ話題（ここでは「趣味」）でも、相手や場面・場所によって話し方は違ってきます。
　本書の第3章で見たように、「話題」と同様、「相手」や「場面・場所」は雑談を構成する重要な要素です。
　そして、第4章で見たように、中上級レベルになっても、「相手」や「場面・場所」に適した雑談（特に友人との気楽な雑談）をすることに困難を覚えている外国人留学生も多いのです。
　「雑談力」を測るためには、「話題」だけでなく、「相手」や「場面・場所」によるスピーチスタイルや表現・語彙の使い分けも評価基準に組み込まれる必要があるのではないでしょうか。（塩澤・石司・

島田 (2010) がまとめたCEFRの例示的能力記述文の特徴の「行動」にも、こうした点は含まれていないことを付け加えておきます。)

一方、ACTFL-OPIでは、「フォーマル／インフォーマルな場面」という記述が見られることから、「場面・場所」についても考慮されていることがわかります。

しかし、先ほど述べたように、私的でインフォーマルな場面で自由に「タメ口」が使えるのは超級レベルということですので、日本語教育では、母語話者並みの言語運用力を身につけるまでは「くだけた気楽な雑談」「雑談らしい雑談」はできなくてもしかたがないと考えているのかもしれません。

ただし、「超級になるまではできなくてもよい」ということと、「超級になるまでは教えなくてもよい」ということは、まったく別物です。

第4章で紹介した外国人留学生たちの声からもわかるように、もっと早い段階から、日常生活で彼らが必要としている「雑談力」を身につけられる機会を提供する努力が必要だと思います。

3 よりよい雑談教育をめざして

　では、そうした機会はどのようにして提供していけばよいのでしょうか。

　まずは、教師が「雑談のやり方を教える」という意識を強く持つことが大切です。そうすれば、従来通りの授業の中でも何かできることを思いつくはずです。

　例えば、初級の教科書を見ると、初対面時の自己紹介や、家族・趣味・好きな食べ物・子どもの頃の生活などについて話すといった内容が必ず出てきますが、これらは雑談の格好の材料です。

　これまでだと、こうした内容を扱う授業の目標は「描写や説明ができる」ことに置かれていたのではないかと思いますが、それだけで終わらせず、こうした話題で「相手との共通点を見つけ出し、つながりを強めるための雑談」をする練習もしてみてはいかがでしょうか。

　初級のうちは、このように「既習の文法項目や語彙を使って雑談らしきことができる」ことをとりあえずの目標にすれば十分ですが、中級になったら、私的でインフォーマルな雑談のやり方を教えることに積極的に挑戦してもらえたらと思います。

　第4章で挙げられていた外国人留学生たちの悩みや要望を参考にすると、学習内容として考えられるのは「雑談用の言語形式」と「雑談のスキル」でしょうか。

　「雑談用の言語形式」としては、文法のくだけた使い方、恋愛やバイトなど若者の雑談の話題で使われる（しかし、教科書には出てこない）

語彙や表現、カタカナ言葉やオノマトペ、若者言葉やスラング的な語彙などが挙げられます。

一方、「雑談のスキル」としては、雑談の切り出し方と終わり方、話題の展開のしかた、相づちの打ち方、聞き取れなかったときの聞き返し方、効果的な質問のしかたなどを指導するとよいでしょう。

また、余力があれば、相手や場面による話題やスピーチスタイルの違い、日本で雑談が期待される場面や好まれる話題などについても紹介したいものです。

このようにして、「周りの日本人と仲良くなるための雑談」や「ホストファミリー・友達などとの気楽な雑談」をするのに必要な言語形式とスキルを系統立てて学んでいくことで、彼らが必要とする「雑談力」を身につけていくことができるのではないかと思います。

あとがき

　本書は、雑談から生まれ、雑談によって形になった、雑談の本です。
　実は、本書はもともと他の書籍の一部でした。
　それは、外国人日本語学習者に日本語の雑談のやり方を教えるための本です。

「ねえ清水さん、日本語教育でも雑談指導って必要だと思いません？」
「うん、思う思う。雑談って実はめっちゃ難しいもんね」
「そうそう、『教科書日本語』ばかり話してちゃ、いつまでたっても楽しい雑談なんてできるようになりませんよ」
「そうだよねえ。じゃ、一緒に雑談指導の本でも作りますか」

　というような会話が交わされたかどうか記憶が定かでないのですが、本文にも登場した関西外国語大学の西郷英樹さんとグラス片手に気楽な「雑談」をしている中で、外国人の日本語学習者に雑談を教えるための本を共同で書くことになったのです。(本書第4章で取り上げた外国人留学生へのアンケート調査も、この本のために行いました。)
　幸いにも凡人社さんに企画を受け入れていただき、私はその本のために、雑談のやり方を教える前提として「雑談とはどのような会話なのか」、「雑談にはどのような特徴があるのか」についてまとめる原稿を書いていました。
　その原稿を読んだ凡人社編集担当の渡辺唯広さんと大橋由希さん

が、「これ、日本語の先生だけに読んでいただくのはもったいないですね。一般読者も対象にした本にしませんか」と言ってくださったのです。

そのようにして生まれたのが本書です。

本書が「スピンオフ」してしまったために、元の書籍のほうは構成から何から大幅に手直しをすることになってしまったのですが、それを快く許してくださった西郷さんにも感謝の気持ちでいっぱいです。

本書と元の書籍（雑談指導のための本）を執筆する過程で、上記3名の方々とは「打ち合わせ」と称した「雑談」と、そのあと場所を飲み屋に移した本格的な「雑談」を何度もくり返しました。

そうした幾多の「雑談」を通して、ようやく一冊の本の形にすることができました。

本書の後半では、外国人の日本語の雑談について扱っていますが、彼らの悩みや苦労、日本語教育における雑談指導の捉え方の問題などを指摘したにとどまり、雑談指導についての具体的な提案にまでは踏み込んでいません。

それは本書が一般読者を対象としているためですが、日本語教育関係の方々は「その先が知りたい」と思われたかもしれません。

「その先」、つまり、雑談のやり方を教えるための具体的な方法や教材、教室活動については、凡人社さんから近日刊行予定の西郷さんとの共著（本書の元となった雑談指導の本です）において詳しく提示するつもりですので、今しばらくお待ち下さい。

2017年9月　著者

参考文献

[専門書・学術論文]

井出里咲子 (2008).「スモールトーク」唐須教光 (編)『開放系言語学への招待―文化・認知・コミュニケーション―』pp.171-192. 慶応義塾大学出版会.

今石幸子 (1992).「談話における聞き手の行動―あいづちのタイミングについて―」『日本語教育学会創立30周年・法人設立15周年記念大会予稿集』pp.147-151. 日本語教育学会.

今村光章 (2009).『アイスブレイク入門―こころをほぐす出会いのレッスン―』解放出版社.

片岡邦好 (2016).『雑談とゴシップを超えて―規範と逸脱から考える―』村田和代・井出里咲子 (編)『雑談の美学―言語研究からの再考―』pp.281-307. ひつじ書房.

河内彩香 (2003).「日本語の雑談の談話における話題展開機能と型」『早稲田大学日本語教育研究』3, pp.41-55. 早稲田大学大学院日本語教育研究科.

定延利之 (2016).『煩悩の文法［増補版］―体験を語りたがる人びとの欲望が日本語の文法システムをゆさぶる話―』凡人社.

塩澤真季・石司えり・島田徳子 (2010).「言語能力の熟達度を表すCan-do記述の分析：JF Can-do作成のためのガイドライン策定に向けて」『国際交流基金日本語教育紀要』6, pp.23-39. The Japan Foundation.

筒井佐代 (2012).『雑談の構造分析』くろしお出版.

平本毅・山内裕 (2016). 「鮨屋のサービス文化と雑談」村田和代・井出里咲子 (編)『雑談の美学―言語研究からの再考―』pp.73-95. ひつじ書房.

堀田秀吾 (2016). 「法コンテクストの雑談―模擬裁判員裁判での評議における談話の分析―」村田和代・井出里咲子 (編)『雑談の美学―言語研究からの再考―』pp.3-21. ひつじ書房.

堀口純子 (1997).『日本語教育と会話分析』くろしお出版.

桝本智子 (2000). 「非言語」西田ひろ子 (編)『異文化コミュニケーション入門』pp.75-100. 創元社.

水谷信子 (1993). 「『共話』から『対話』へ」『日本語学』12 (4), pp.4-10. 明治書院.

水谷信子 (1995). 「日本人とディベート―「共話」と対話―」『日本語学』14 (6), pp.4-12. 明治書院.

三牧陽子 (2013).『ポライトネスの談話分析―初対面コミュニケーションの姿としくみ―』くろしお出版.

村田和代・井出里咲子 (2016). 「序章 雑談とその諸相」村田和代・井出里咲子 (編)『雑談の美学―言語研究からの再考―』pp.iii-xv. ひつじ書房.

米川明彦 (1998).『若者語を科学する』明治書院.

Axtell, R. E. (Ed.) (1993). *Do's and taboos around the world.* (3rd ed.). New York: John Willy & Sons.

Brown, P., & Levinson, S. C. (1987). *Politeness: Some universals in language usage.* Cambridge, UK: Cambridge University Press. [田中典子 (監訳) (2011).『ポライトネス―言語使用における、

ある普遍現象―』研究社.]

Cook, M. (1970). Experiments on orientation and proxemics. *Human Relations, 23*, 61-76.

Coupland, J. (2000). Introduction: Sociolinguistic perspectives on small talk. In J. Coupland (Ed.), *Small talk* (pp.1-25). Edinburgh Gate, UK: Pearson Education.

Coupland, J. (2003). Small talk: Social functions. *Research on Language and Social Interaction, 36* (1), 1-6.

Dunbar, R. (1996). *Grooming, gossip and the evolution of language.* Cambridge, MA: Harvard University Press. [松浦俊輔・服部清美 (訳) (1998).『ことばの起源―猿の毛づくろい、人のゴシップ―』青土社.]

Dunbar, R. (2010). *How many friends dose one person need?: Dunbar's number and other evolutionary quirks.* Cambridge, MA: Harvard University Press. Cambridge, MA: Harvard University Press. [藤井留美 (訳) (2011).『友達の数は何人？―ダンバー数とつながりの進化心理学―』インターシフト.]

Gumperz, J. J. (1982). *Discourse strategies.* Cambridge, UK: Cambridge University Press. [井上逸兵・出原健一・花崎美紀・荒木瑞夫・多々良直弘 (訳) (2004).『認知と相互行為の社会言語学―ディスコース・ストラテジー―』松柏社.]

Hall, E. T. (1966). *The hidden dimension.* Garden City, NY: Doubleday. [日高敏隆・佐藤信行 (訳) (1970).『かくれた次元』みすず書房.]

Holmes, J. (2000). Doing collegiality and keeping control at work: Small talk in government departments. In J. Coupland (Ed.), *Small talk* (pp.32-61). Edinburgh Gate, UK: Pearson Education.

Kendon, A. (1967). Some functions of gaze-direction in social interaction. *Acta Psychologica, 26*, 22-63.

Malinowski, B. (1923). The problem of meaning in primitive languages. In C. K. Ogden, & I. A. Richards (Eds.) *The meaning of meaning* (pp.146-152). London: Routledge and Kegan Paul.

Mehrabian, A., & Ferris, S. (1967). Inference of attitudes from nonverbal communication in two channels. *Journal of Consulting Psychology, 31* (3), 248-252.

Mehrabian, A., & Wiener, M. (1967). Decoding of inconsistent communications. *Journal of Personality and Social Psychology, 6* (1), 109-114.

Murata, K. (2015). *Relational practice in meeting discourse in New Zealand and Japan.* Tokyo: Hituzi Shobo.

Richmond, V. P., & McCroskey, J. C. (2004). *Nonverbal behavior in interpersonal relations.* (5th ed.). Boston, MA: Allyn and Bacon/Pearson Education. [山下耕二 (編訳) (2006).『非言語行動の心理学―対人関係とコミュニケーション理解のために―』北大路書房.]

Rogers, C. R., & Farson, R. E. (1957). *Active listening.* Chicago: Industrial Relations Center, the University of Chicago.

Schegloff, E., & Sacks, H. (1973). Opening up closing. *Semiotica, 8*,

289-327.

Schneider, K. (1988). *Small talk: Analysing phatic discourse.* Marburg, DE: Hitzeroth.

Watson, O. M. (1970). *Proxemic behavior: A cross-cultural study.* The Hague, NE: Mouton.

[一般書籍（ハウツー本）]

石井貴士 (2015).『どんな相手でも会話に困らない1分間雑談法』SBクリエイティブ．

小川晋平・俣野成敏 (2015).『一流の人はなぜそこまで、雑談にこだわるのか？』クロスメディア・パブリッシング．

梶原しげる (2009).『最初の30秒で相手の心をつかむ雑談術』日本実業出版社．

神岡真司 (2014).『面白いほど雑談が弾む 101の会話テクニック』フォレスト出版．

齋藤孝 (2010).『雑談力が上がる話し方―30秒でうちとける会話のルール―』ダイヤモンド社．

櫻井弘 (2016).『マンガでわかる！ 雑談力―トレーニングで話はうまくなる―』宝島社．

箱田忠昭 (2008a).『仕事にいかす！ 雑談力トレーニング』TAC出版．

箱田忠昭 (2008b).『すべらない雑談のルール ―たった3秒で心をつかむ魔法のテクニック―』こう書房．

日高利美 (2013).『いつ、誰が相手でも必ず盛り上がる 銀座の雑

談手帳』クロスメディア・パブリッシング.

松橋良紀 (2010).『あたりまえだけどなかなかできない　雑談のルール』明日香出版社.

松橋良紀 (2013).『何を話せばいいのかわからない人のための雑談のルール』中経出版.

松村清 (2011).『コミュ力』商業界.

水原史希子 (2015).『雑談力がアップする「ひと言」の魔法』ぱる出版.

安田正 (2015).『超一流の雑談力』文響社.

山田玲司 (2009).『キラークエスチョン―会話は「何を聞くか」で決まる―』光文社.

渡瀬謙 (2010).『"内向型"のための雑談術―自分にムリせずラクに話せる51のルール―』大和出版.

渡瀬謙 (2016).『超一流の相手にしゃべらせる雑談術』PHP研究所.

[雑誌]

『THE 21』(2013年6月号) PHP研究所.

『THE 21』(2016年5月号) PHP研究所.

『週刊東洋経済』(2014. 9. 20号) 東洋経済新報社.

『日経ビジネスアソシエ』(2016年10月号) 日経BP社.

『PRESIDENT』(2016. 4. 18号) プレジデント社.

[辞典]

『学研国語大辞典　第二版』(1989) 学研プラス.

『広辞苑　第五版』(1998) 岩波書店.

『広辞林　第六版』(1984) 三省堂.

『新明解国語辞典　第六版』(2005) 三省堂.

『大辞林　第三版』(2006) 三省堂.

[その他]

国際交流基金・日本国際教育支援協会 (2012).「日本語能力試験 Can-do自己評価リスト (JLPT Can-do)」
　　<http://www.jlpt.jp/about/candolist.html>

ACTFL (1999).『ACTFL-OPI試験官養成用マニュアル (1999年改訂版)』アルク.

[著者紹介]

清水崇文（しみず・たかふみ）

上智大学言語教育研究センター／大学院言語科学研究科教授。応用言語学博士（Ph.D.）

イリノイ大学大学院東洋言語文化専攻修士課程、ハーバード大学大学院教育学専攻修士課程、ロンドン大学大学院応用言語学専攻博士課程修了。専門は第二言語習得研究、中間言語語用論。主な著書に、『心を動かす英会話のスキル』（2016年、研究社）、『みがけ！コミュニケーションスキル 中上級学習者のためのブラッシュアップ日本語会話』（2013年、スリーエーネットワーク）、『中間言語語用論概論 ―第二言語学習者の語用論的能力の使用・習得・教育―』（2009年、スリーエーネットワーク）、『語用論研究法ガイドブック』（共著、2016年、ひつじ書房）、『談話とプロフィシェンシー ―その真の姿の探求と教育実践をめざして―』（共著、2015年、凡人社）、『第二言語習得研究と言語教育』（共編著、2012年、くろしお出版）などがある。

わたしたちのことばを考える②

雑談の正体

ぜんぜん"雑"じゃない、大切なコミュニケーションの話

2017年11月20日 初版第1刷発行

著　　　者	清水崇文	
発　　　行	株式会社 凡人社	
	〒102-0093　東京都千代田区平河町1-3-13	
	電話 03-3263-3959	
イラスト	小松容子（株式会社アクア）	
カバーデザイン	コミュニケーションアーツ株式会社	
印刷・製本	モリモト印刷株式会社	

定価はカバーに表示してあります。乱丁本・落丁本はお取り換えいたします。
＊本書の一部あるいは全部について、著作者から文書による承諾を得ずに、いかなる方法においても無断で 転載・複写・複製することは法律で固く禁じられています。

ISBN 978-4-89358-935-4
©Takafumi SHIMIZU 2017 Printed in Japan

わたしたちのことばを考える❶

増補版

煩悩の文法

Toshiyuki SADANOBU
定延利之

体験を語りたがる人びとの欲望が
日本語の文法システムをゆさぶる話

人は誰しも、体験を語りたいという"煩悩"を抱えている――。

B6判並製　220頁　定価：本体1500円+税
ISBN 978-4-89358-915-6

「4色ボールペン、北京でありましたよ」
「先週はうどんばかり食べました」
「1分もしたら、真っ赤だよ」……
私たちのことばには、そんな"煩悩"が見え隠れしている。

文法を考えるときに想定する「話し手」は、あまりに理知的で、合理的だったのではないだろうか。しかし、実際に生きる私たちは"煩悩"を抱えている。体験を語りたいという欲望は、時に、文法システムをゆさぶってしまうのだ。

私たちが日常で生みだすことばを、ありのままに見つめることで見えてくる本当のことばの姿。私たちのことばの世界を探索し、体感する楽しみに満ちた一冊。

＊本書は、2008年に、ちくま書房より発行された『煩悩の文法 体験を語りたがる人びとの欲望が日本語の文法システムをゆさぶる話』(ちくま新書)の一部を加筆修正し、「補説」を新たに収録したものです。

ときどきこわい、とは？

にほんごの凡人社

書籍のお求め・お問い合わせは…

〒102-0093 東京都千代田区平河町1-3-13
ヒューリック平河町ビル8F
http://www.bonjinsha.com/

日本語教育 学のデザイン
その地と図を描く

日本語教育をめぐる議論、研究、実践をレビューし、「学」の体系化に挑む―。

神吉宇一 編著
名嶋義直, 栁田直美, 三代純平, 松尾慎, 嶋ちはる, 牛窪隆太 著

2000年代初頭になされた日本語教育をめぐる議論は、その後、どのように広がり深められてきたのか―。レビューを通して、背景となる社会的事実・課題、学問的蓄積・課題という日本語教育学の「地」を描き出し、「図」としての個別研究・個別実践の方向性を示します。「学」のデザインを通して、日本語教育学の学問的体系化をめざす意欲作。

<多彩な関係領域の専門家による論説25本も収載!!>

上野千鶴子（社会学者、東京大学名誉教授。専門は女性学、ジェンダー研究）
岡田美智男（豊橋技術科学大学教授。ヒューマン=ロボットインタラクションなどを研究）
山西優二（早稲田大学文学学術院教授。専門は、国際教育論・共生社会論）
田村太郎（ダイバーシティ研究所代表。復興庁参与としても活動中）
……ほか、研究者、社会起業家、フリーライターなどが寄稿。

[単行本版] A5判 248頁 2015年6月発行
ISBN978-4-89358-893-7 2,600円＋税
[Kindle版] 1,150円＋税（amazon.co.jp での価格です）
＊amazon US, UK, DE, FR, ES, IT, NL, JP, BR, CA, MX, AU, IN で購入可能

特設サイトでは、連載エッセイ「わたしが描く、日本語教育の『地図』」がお読みになれます。http://bonpublishing.wix.com/design

書籍のお求め・お問い合わせは…
〒102-0093 東京都千代田区平河町1-3-13
ヒューリック平河町ビル8F
http://www.bonjinsha.com/

プロフィシェンシーを育てる3

談話とプロフィシェンシー
その真の姿の探求と教育実践をめざして

鎌田修、嶋田和子、堤良一 編著
定延利之、清水崇文、西郷英樹、
由井紀久子 著

A5 判　248 頁　2,600 円＋税
ISBN 978-4-89358-892-0

『プロフィシェンシーを育てる』(2008年)、『対話とプロフィシェンシー』(2012年)に続く「プロフィシェンシーを育てる」シリーズの第3弾。談話とは何なのか、談話教育はどうあるべきなのか―。この問いの答えを求め、7名の著者が、それぞれの研究分野・教育現場から議論を展開させる一冊。自然な談話データを、先入観を排して注意深く観察することで、新たな談話観への道をひらき、日本語教育におけるプロフィシェンシーとは何かを問い直します。巻末には、鎌田修氏・定延利之氏・堤良一氏による鼎談を収録。

【プロフィシェンシーを育てるシリーズ】

① プロフィシェンシーを育てる―真の日本語能力をめざして―

鎌田修、嶋田和子、迫田久美子 編著
牧野成一、鳥飼玖美子、根岸雅史、大隅敦子、川上郁子、小山悟 著
A5 判 252 頁 2,500 円＋税　ISBN 978-4-89358-688-9

② 対話とプロフィシェンシー
―コミュニケーション能力の広がりと高まりをめざして―

鎌田修、嶋田和子 編著
平田オリザ、牧野成一、野山広、川村宏明、伊東祐郎 著
A5 判 208 頁 2,300 円＋税　ISBN 978-4-89358-833-3

書籍のお求め・
お問い合わせは…　　〒102-0093 東京都千代田区平河町1-3-13
ヒューリック平河町ビル8F
http://www.bonjinsha.com/